Unbekanntes Mittelbayern

Unbekanntes Mittelbayern

Entdeckungsreisen
zu verborgenen Schätzen

von

Bernhard Eder

Volk Verlag München

Die Deutsche Bibliothek verzeichnet diese Publikation in der Deutschen Nationalbibliografie; detaillierte bibliografische Daten sind im Internet über http://dnb.ddb.de abrufbar.

© 2011 by Volk Verlag München
Streitfeldstraße 19, 81673 München
Tel. 089/42 07 96 98-0, Fax 089/42 07 96 98-6
www.volkverlag.de

Druck: Auer Buch + Medien, Donauwörth

ISBN 978-3-86222-015-1

Inhalt

Vorwort

Wegen eingreifender Veränderungen in die Besitzgrenzen durch Neubaugebiete, Flurbereinigung, Autobahnerweiterungen, den Bau neuer Straßen und aus vielen anderen Gründen wurde es in den siebziger Jahren notwendig, das landesweite Netz der trigonometrischen Festpunkte in Bayern zu erweitern. Durchgeführt wurden die umfangreichen Maßnahmen vom Bayerischen Landesvermessungsamt in München. Im Zuge dieser Arbeiten sollte es auch den „Mittelpunkt Bayerns" ermitteln. Ergebnis: Der „geografische Mittelpunkt" des Freistaates liegt auf dem Schlossberg oberhalb des Marktes Kipfenberg in unmittelbarer Nähe der Burg.

Das Bayerische Fernsehen wurde auf das Ergebnis dieser Vermessungen aufmerksam und wollte es in der bekannten Quiz-Sendung „Kennen Sie Bayern, wo's kaum einer kennt?" bekannt machen. So wurde an Ort und Stelle ein Stein mit einer Inschrifttafel aufgestellt und während der von Carolin Reiber moderierten Sendung „eingeweiht". Seit dem 1. Juni 1980 hat Bayern also ganz offiziell – wenigstens geografisch – seinen Mittelpunkt.

Dadurch angeregt, arbeitet dieses Buch mit dem Begriff der „Mitte Bayerns". Diese ist freilich weder räumlich und schon gar nicht politisch eindeutig abgegrenzt und wohl auch nicht abgrenzbar, sondern eher „gefühlt".

Mittelbayern beginnt sicher nördlich der Donau. Einer seiner wichtigen Landschaftsräume ist die Fränkische Alb, die sich vom Nördlinger Ries gegen Osten die Donau entlang bis nahe an Regensburg zieht und dann in einem großen Bogen nach Norden wendet. Sie ist unterteilt in die „Altmühlalb" im Süden und die „Oberpfälzer Alb" im Osten, die wegen der Form ihrer Berge auch gerne als „Oberpfälzer Kuppenalb" bezeichnet wird und in die Fränkische Schweiz übergeht. Im Westen und teilweise Norden begrenzt die Frankenhöhe das mittelbayerische Gebiet. Sie beginnt nördlich des Rieses und wendet sich im Rangau in einem leichten Bogen nach Osten bis vor die Tore von Fürth. In diesem von bergigen Gebieten gebildeten Viereck liegen im Westen der Altmühlgrund und östlich davon das Albvorland, das nach Norden in das Rednitzbecken mit den großen Gebieten des Nürnberger Reichswalds übergeht.

Politisch war dieses Gebiet seit der Besiedelung in der Völkerwanderung nie eine Einheit. Zu Beginn des Mittelalters hatten hier die Stammesherzöge der Franken, Bayern und Schwaben das Sagen. Vom Spätmittelalter bis zum Ende des Alten Reiches 1803/06 war es in zahlreiche größere und kleinere Herrschaften zersplittert: das Burggrafentum Nürnberg bzw. das Markgraftum Ansbach der Hohenzollern, die pfälzischen und bayerischen Territorien der Wittelsbacher, das (Fürst-)Bistum Eichstätt, die Ballei Franken des Deutschen Ritterordens, die Grafschaft Oettingen, die Reichsstädte Nürnberg, Weißenburg, Rothenburg, Windsheim und Dinkelsbühl sowie zahlreiche kleine Adels- und Klosterherrschaften. 1806 „einte" sie das Königreich Bayern. In den Bezeichnungen für die Regierungsbezirke, die sich die Mitte Bayerns „teilen", haben sich jedoch die Namen der hier seit dem frühen Mittelalter angesiedelten Volksstämme bis heute erhalten: Schwaben, Oberbayern, Mittelfranken. Besonders deutlich wurde ihre enge Nachbarschaft bei der Gebietsreform 1972, als der neu zugeschnittene Landkreis Eichstätt (in welchem der geografische Mittelpunkt liegt), aus Teilen der drei genannten Regierungsbezirke und zusätzlich der Oberpfalz gebildet wurde.

Dieses Buch nimmt auch die Fragestellung der Sendung des Bayerischen Fernsehens auf, die den geografischen Mittelpunkt Bayerns bekannt gemacht hat: „Kennen Sie Bayern, wo's kaum einer kennt?". Kennen sie Bayern? Kennen Sie es hier, in seiner Mitte? Gemeint sind nicht die Städte und Sehenswürdigkeiten, die ohnehin von jedem Bayern besucht werden, der etwas auf sich hält, weil sie im Mittelpunkt der touristischen Werbung stehen. Sie werden hier bewusst ausgeklammert. Dieses Buch versteht sich vielmehr als Ergänzung zur vorliegenden touristischen Literatur und will eine Lücke füllen. In ihm geht es um wenig bekannte und weitgehend unbeachtete, „kleine aber feine", in Wirklichkeit jedoch oft große Schätze der Natur, Kunst und Geschichte in der reichen und vielfältigen Mitte Bayerns. Es will den Leser dazu verführen, kleinere Städte, Schlösser und Burg(ruin)en, Kirchen und Klöster und nicht zuletzt Landschaften „wie aus dem Bilderbuch" mit seltenen Kostbarkeiten der Natur zu entdecken, die „kaum einer kennt". Manchmal können und wollen diese Ziele auch nur zu Fuß „erobert" werden – auf einem Spaziergang oder einer kleinen Wanderung. Auch dafür erhalten Sie, wo nötig und sinnvoll, entsprechende Hinweise.

Hervorgegangen ist dieses Buch aus einer Artikelserie für die „Kirchenzeitung für das Bistum Eichstätt". Von 2003–2009 war ich dafür „Im Bistum unterwegs", so der Titel. Alle hier enthaltenen Ziele wurden also „erwandert". Vielleicht habe ich dabei manches auch übersehen und es bliebe noch zu entdecken. Das aber, was ich gesehen habe, habe ich intensiv „er-lebt".

Den Personen, die mich bei diesem Erleben begleitet haben, bin ich zu großem Dank verpflichtet. Ich danke vor allem Brun Appel, Eichstätt, der nicht nur auf vielen Wanderungen dabei war und mir „vor Ort" zahlreiche Hinweise gegeben, sondern auch die Herausgabe dieses Werkes mit seinem historischen und kunsthistorischen Wissen wohlwollend und kritisch begleitet hat. Ich danke Herrn Alfred Schütz, Treuchtlingen, den ich auf ausgedehnten Wanderungen begleiten und dadurch viele der im Buch beschriebenen Objekte erst selbst kennenlernen durfte.

Dieses Buch enthält auch Hinweise zu Öffnungszeiten, Telefonnummern, Fahrplänen, Wegmarkierungen u. a. Sie wurden gewissenhaft recherchiert und geben den derzeitigen Stand wieder. Da sich in unserer schnelllebigen Zeit manches von heute auf morgen ändert, kann es vorkommen, dass die eine oder andere Information in diesem Buch zum Zeitpunkt, an dem sie benötigt wird, nicht mehr stimmt. Informieren Sie sich deshalb zu gegebener Zeit in Fällen, die ihnen wichtig sind, mit Hilfe der modernen Informationsmittel selbst über den aktuellen Stand.

Ich lade Sie herzlich ein, meinen Spuren zu folgen und Bayern in seiner Mitte, „wo's kaum einer kennt", zu entdecken und lieben zu lernen.

Bernhard Eder

1 | Im Quellgebiet der Altmühl

Auf der Karte ist die Altmühl leicht zu lokalisieren, vor allem ihr mittlerer und unterer Flusslauf, auf dem sie sich in zahlreichen langgezogenen und auffälligen Windungen ihren Weg durch die Fränkische Alb bahnt. Dies ist der Flussabschnitt, den man landläufig als „Altmühltal" bezeichnet und der durch seine landschaftliche Schönheit Wanderer, Radfahrer und Bootsfahrer in Scharen anzieht.

Die andersartige, jedoch nicht minder reizvolle Landschaft an ihrem Oberlauf von der Quelle bis Treuchtlingen wird dabei leider oft verkannt. Hier, in einer flachen Talaue, dem „Altmühlgrund", wie die Einheimischen das breite Tal nennen, hat die Altmühl Platz. So windet sie sich träge von ihrer Quelle auf der Frankenhöhe, etwa 14 km nordöstlich von Rothenburg ob der

Tauber, in zahllosen kleinen Schleifen gegen Südosten. Grund für ihre langsame Fließgeschweindigkeit ist das geringe Gefälle. Nur 120 m beträgt es auf der gesamten Flussstrecke von etwa 220 km zwischen ihrem Ursprung und der Mündung in die Donau. Dazu passt auch die Erklärung des Flussnamens: „Stiller, heiliger Fluss" oder auch „lieblicher sanfter Fluss" wird „Alcmona" gedeutet, die Bezeichnung der Kelten für die Altmühl. Weil ihr Wasser nicht rasch genung abfließt, hat sie den Menschen immer wieder viel Kummer bereitet: Ständige Überschwemmungen im Sommer und Winter bedrohten die Dörfer und ließen die Wiesen versauern oder das ohnehin minderwertige Heu verfaulen. Erst der Bau des Altmühlsees im oberen und die Altmühlregulie-

Das ehemalige Wildbad nahe dem Ursprung der Altmühl auf der Frankenhöhe

Oben: Die inoffizielle „Altmühlquelle" bei der Erlachsiedlung auf der Frankenhöhe. Ihr Wasser fließt als „Erlachbach" in den Hornauer Weiher.

Unten: Ursprung der Altmühl: Unter diesem Stein fließt die Altmühl aus dem Hornauer Weiher.

rung von 1927–1930 im unteren Talabschnitt verbesserten diesen Zustand.

Die Suche nach der Quelle der Altmühl gestaltet sich nicht ganz einfach, denn zur Auswahl stehen gleich drei mögliche „Ursprünge". Der erste, der Hirschteich, liegt im höchsten Bereich der Frankenhöhe, etwa 14 km nordöstlich von Rothenburg. Bereits im Urkataster, aber auch noch in der aktuellen topographischen Karte, ist dieser Teich als „Ursprung der Altmühl" ausgewiesen. Sein Abfluss, der „Altmühlgraben", mündet in den Hornauer Weiher, einen im Mittelalter aufgestauten Mühlweiher, heute ein beliebtes Erholungsgebiet. Das Problem: Abhängig von den Niederschlägen führt dieser Bach unterschiedlich viel, ja in trockenen Sommern gar kein Wasser.

So hat die Stadt Burgbernheim, auf deren Gebiet der Hirschteich liegt, die aber verständlicherweise die Altmühlquelle ungern „verlieren" möchte, kurzerhand die Quelle des Erlachbaches, eine von mehreren in diesem Gebiet entspringenden Quellen, die das ganze Jahr über Wasser fuhrt, gefasst und präsentiert sie als „Altmühlquelle".

Doch „aller guten Dinge sind drei": Auch die Gemeinde Windelsbach verzichtet nicht gerne auf ihr verbrieftes Recht und verweist darauf, dass das „Königlich-Bayerische Hydrographische Bureau" schon 1904 ganz amtlich den Hornauer Weiher, der nahe dem Ort Hornau auf ihrem Gemeindegebiet liegt, als „Ursprung der Altmühl" festgelegt hat. An der Stelle, an der diese – etwas „unwürdig" – als kleines Rinnsal durch ein Rohr den Weiher verlässt, kennzeichnet ein Stein mit einer entsprechenden Inschrift ihren Beginn. Übrigens: Die Altmühl ist der längste rein innerbayerische Fluss: Sowohl ihre Quelle als auch ihre Mündung liegen im Freistaat. Alle längeren Flüsse – Donau, Inn, Isar, Lech und Main – entspringen außerhalb Bayerns.

Die Frankenhöhe, auf der die Altmühl entspringt, ist ein hügelig wirkender Höhenzug, der sich vom Westen Frankens von der Württembergischen Grenze in einem Bogen bis nahe an den Ballungsraum Nürnberg-Fürth-Erlangen zieht und an den um einiges niedrigeren Steigerwald heranreicht. Hier, im Quellgebiet der Altmühl, schiebt sie sich mit der „Hohen Leite" und dem „Schlossberg" wie ein Sporn nach Norden vor und erreicht mit dem etwas östlich davon gelegenen, an einem Sendemast erkennbaren Büttelberg eine Höhe von 535 m. Nördlich der europäischen Hauptwasserscheide, die hier verläuft, fällt sie steil in die Windsbacher Bucht ab, nach Süden dagegen, wohin die Altmühl fließt, ist sie dachartig abgeflacht und bildet ein geradezu ideales, abwechslungsreiches Wandergebiet, über das typisch fränkische Dörfer verstreut sind. Im unmittelbaren Quellbereich sind dies Hornau und Windelsbach.

Am nördlichen Ortsausgang von Hornau steht das „Seyboth'sche Schlösschen", benannt nach einem Rothenburger Bürgermeister, in dessen Besitz es 1714 kam. Die Martinskirche in Windelsbach, die schon auf die Zeit um 1000 n.Chr. zurückgehen soll, birgt einen spätgotischen Flügelaltar mit Skulpturen und Tafelgemälden aus dem Umkreis des Nürnberger Malers Michael Wohlgemut, in dessen Werkstatt 1486–1490 auch der junge Albrecht Dürer arbeitete. Von den einstigen vier Flügeln des Windelsbacher Schlosses, das von einem Wallgraben umgeben ist, stehen nur noch zwei. Heute werden sie touristisch genutzt.

Das beliebteste Ausflugsziel der Gegend ist das „Wildbad", ein „Badeort" der Markgrafen von Ansbach in idyllischer Lage mitten im Wald, nur wenig vom Hirschteich entfernt. 1487 wurde hier ein erstes Badhaus errichtet, ein weiteres 1587. 1718 ließ Markgraf Georg Wilhelm von Bayreuth ein neues Gebäude erbauen, 1789 dann Markgraf Carl Alexander das kleine Markgrafenschlösschen, das auf einer Lichtung über dem ehemaligen Badegebäude steht. Sein Heilwasser half einst gegen allerlei Leiden. Der „Doktors-Brunnen", das „Augenbrünnlein" und der „Koch-Brunnen", drei von den ursprünglich sieben Heilquellen, sind noch zugänglich und benutzbar. Im 18. Jahrhundert erlebte das Wildbad mit markgräflichen Jagdgesellschaften und Kuraufenthalten seine größte Zeit. Die beiden Fachwerkbauten beherbergen heute ein Hotel mit vorzüglicher Gastronomie. Weit reicht der Blick vom Rand des Steilabfalls in die Windsheimer Bucht – klimatisch eine ganz andere Welt. Hier bedecken im Windschatten der Frankenhöhe den unteren Teil des auslaufenden Steilhanges Kirschgärten, und vom Abhang des gegenüberliegenden Steigerwaldes lachen schon die ersten fränkischen Weinberge verführerisch herüber.

Das Quellgebiet der Altmühl

An einem Wanderparkplatz an der Straße Burgbernheim-Hornau weist ein Wegweiser nach Wildbad (1 km). Gegenüber von diesem sind es zu Fuß nur wenige Minuten zum **Hirschteich**. An derselben Straße weist – etwa je 1 km von Hornau und vom erwähnten Wanderparkplatz entfernt – ein unscheinbarer Wegweiser auch zur „**Altmühlquelle**". Sie liegt hinter einem etwa 200 m von der Straße entfernten alleinstehenden Gehöft.

Der Hornauer Weiher mit dem „**Ursprung der Altmühl**" liegt am südöstlichen Ortsrand von Hornau (Parkplätze). **Windelsbach** liegt an der Straße von Hornau nach Rothenburg, ca. 5 km von Hornau entfernt.

2 | Am Ostrand des Nördlinger Ries: Bühl und Gosheim

Ein kreisrunder Kessel mit einem Durchmesser von 22×24 km trennt die Schwäbische und die Fränkische Alb, die sich von Westen nach Osten, vom Schwarzwald bis nach Regensburg, die Donau entlang ziehen. Entstanden ist er vor 14,6 Millionen Jahren durch den Einschlag eines riesigen Meteoriten. Das von ihm in einem weiten Umkreis aufgeworfene Gestein bildet heute den 100 bis 150 m hohen, meist bewaldeten, ringförmigen Kraterrand, der die kreisrunde Riesebene umschließt. Er ist von überall im Ries sichtbar und ermöglicht seinerseits prächtige Ausblicke auf die zahlreichen Städte und Dörfer in der Ebene.

Das Innere des ursprünglich bis zu 400 m tiefen Kraters ist heute mit nachgefallenen und von Gewässern eingetragenen Gesteinen verfüllt und eben. Durch die Eiszeiten wurde darüber zusätzlich fruchtbarer Löss eingetragen. Er bildet die Grundlage für eine intensive landwirtschaftliche Nutzung. Schon die Römer haben dies erkannt und das Ries bewusst in ihr Reich einbezogen, indem sie den Limes nördlich daran vorbeiführten. Von der römischen Provinz „Rätien" erhielt das „Ries" auch seinen Namen, da man hier zur Römerzeit, von Westen kommend, diese Provinz betrat.

Blick vom Ostrand des Ries oberhalb von Gosheim in den Rieskessel

Das Ries ist also ein altes Siedlungsgebiet, und auch im Mittelalter war es als Kornkammer und verkehrsmäßig günstiges Gebiet von großer wirtschaftlicher Bedeutung. Unter diesen Voraussetzungen konnte sich eine hochstehende Kultur entwickeln, die auch in den kleinen Orten ihren Niederschlag fand. So ist das Ries eine an kulturellen Überraschungen reiche Landschaft. Einen zusätzlichen Reiz erhält die Landschaft durch den „kristallinen Ring", eine ringförmige Hügelkette, die sich vor den eigentlichen Kraterrand gelegt hat.

Auf einem dieser (kleineren) Hügel liegt die evangelische Kirche St. Maria mitten im Dorf Bühl. Schon 868 ist der Ort urkundlich erwähnt. Mit ihrem hohen Chorturm ist dieses Kleinod Mittelpunkt und Wahrzeichen des Dorfes. Der sie umschließende Mauerring und der Turm erwecken den Eindruck einer einstigen Wehranlage, die den Bewohnern des Ortes bei Gefahr als Zufluchtsstätte dienen konnte.

Wer die Kirche betritt, kommt aus dem Staunen nicht heraus. Der Chorraum und die Wände des Kirchenschiffs sind über und über mit gut erhaltenen Wandmalereien bedeckt. Eine besondere Kostbarkeit sind die Fresken im Chorgewölbe, die um 1420 entstanden: im Scheitel das Lamm Gottes, in den Gewölbezwickeln die Evangelistensymbole und, als ganz besondere Kostbarkeit, grazile musizierende Engel mit verschiedenen Instrumenten, umrahmt von pflanzlichen Arabesken.

Die Wandbilder im Langhaus der Kirche wurden 1681 von Bühler Bauern gestiftet und wohl von umherziehenden Malern in naiver bäuerlicher Volkskunst gemalt. Sie zeigen an der Nordwand Paradies und Sündenfall, die Geburt Christi, die Verkündigung an die Hirten, die Taufe Jesu sowie Passionsszenen und die Auferstehung

St. Maria in Bühl. Oben: Lamm Gottes, Symbol für den Auferstandenen, und Engel, Symbol für den Evangelisten Mathäus. Unten: musizierender Engel mit Portativ

Die Kirchenburg von Gosheim

Christi, über dem Chorbogen das Jüngste Gericht und an der Südwand unter anderem eine Prophetenberufung und die Bekehrung des Saulus.

Nur wenige Kilometer von Bühl entfernt liegt am östlichen Riesrand die karolingische Königsmark Gosheim, 793 erstmals in einer Urkunde erwähnt, mit der ein Graf Hermoin dem Bischof von Freising hier Land schenkt. Mittelpunkt des ehemals bedeutenden Ortes ist eine einst wehrhafte Kirchenanlage, noch ganz umschlossen von einer hohen Mauer. Diese und der auf der Bergseite noch erhaltene tiefe Graben sind die Reste einer mittelalterlichen Burg. Der heutige Kirchturm ist auf den Mauern des ehemaligen Bergfrieds errichtet, der in die Zeit um 1250 datiert wird. Die 1734 eingeweihte, barock ausgestattete Kirche steht wohl an der Stelle der ehemaligen Burgkapelle. Bemerkenswert ist ihr Rokoko-Kreuzweg mit einer 15. Station: der Kreuzauffindung

durch die Kaiserin Helena. Die Fresken von fünf Heiligen des Jesuitenordens an der Emporenbrüstung erinnern an die Neuburger Jesuiten, die im 17. und 18. Jahrhundert Grundherren von Gosheim waren. Für sie war der Ort eine Art Sommersitz. Im ehemaligen Burgbereich wurde 1694–96 ein Schloss errichtet. Beim Eingangstor an der südlichen Wehrmauer, die auch den Friedhof umschließt, steht noch der Karner, dessen oberes Stockwerk mit einer zweiteiligen barocken Ölberggruppe ausgestattet ist.

Eine zweite Sehenswürdigkeit von Gosheim ist der Kreuzweg, der hinter der Kirche auf den „Kalvarienberg" führt. Ein großes Kreuz markiert sein Ende. Es steht auf einem kleinen „Gipfel". Dieser wird von einigen Felsköpfen gebildet, die aus der Trockenrasenfläche herausschauen. Unwillkürlich fühlt man sich hier an den Ort der Kreuzigung Christi erinnert, den die Bibel wegen seiner kopfförmigen

Form „Golgatha" nennt, lateinisch „Kalvaria", Schädelstätte. Ganz sicher ließ sich der Gosheimer Pfarrer Peter Brand, der die Kreuzweganlage 1890 stiftete, von diesem Eindruck leiten; er stellte nämlich die Bedingung, dass die kleine Felsgruppe, auf der das Kreuz errichtet werden sollte, nicht verändert werden dürfe. Man erfüllte ihm seinen Wunsch, und unter Mithilfe der Gemeindebürger wurden die 14 Säulen mit den ausdrucksvollen neugotischen Reliefs der 14 Stationen des Kreuzwegs errichtet und der Weg angelegt, der sich unter einer Reihe von Bäumen auf den Berg zieht. Die Fertigstellung der Herz-Jesu-Kapelle neben dem Kreuz im Jahr 1892 erlebte Brand nicht mehr.

Weit geht von hier der Blick vom Kalvarienberg ins Ries und zum begrenzenden Kamm der Schwäbischen Alb. Der Hesselberg, Schloss Baldern, der Ipf mit seinem charakteristischen flachen Plateau, Wemding mit der Wallfahrtskirche Maria Brünnlein und viele andere Orte im Ries sind an klaren Tagen zum Greifen nah.

Unweit nördlich von Gosheim entspringt am Abhang der Fränkischen Alb die Schwalb, ein wasserreicher, geschichtlich bedeutender Bach, der nach Westen fließt und nach nur 7 km in die Wörnitz mündet. Er gab im frühen Mittelalter dem „Sualafeldgau" seinen Namen, einem „Außenposten" der fränkischen Macht gegen die Bayern. Der 793 erstmals schriftlich erwähnte fränkische Gau bildete ein Gegengewicht zum östlich davon gelegenen bayerischen Nordgau. Die Grenze zwischen beiden Gauen verlief etwa durch das Tal der Ur-Donau nach Norden und von dort über die Hochfläche des Jura und östlich an Weißenburg vorbei nach Roth und Schwabach. Im Norden bildete die Schwabach die Grenze zum Rangau.

Auch ihre ehemalige wirtschaftliche Bedeutung lässt die Schwalb noch heute erkennen: Zehn ehemalige Mühlen, die sie auf ihrem kurzen Lauf antrieb, säumen das Ufer. Auch die Landschaft entlang des wasserreichen Baches ist reizvoll: Verträumte Teiche und im Wald versteckte Seen, teils durch Sandabbau entstanden, teils schon im Mittelalter zur Fischzucht angelegt, sind heute wertvolle Biotope, fungieren als einfache Erholungsplätze oder auch Badeseen.

 Lohnend ist ein Spaziergang auf den Kalvarienberg von Gosheim. Dorthin hinter der Kirche Sichtverbindung. Aufstieg ca. 10 Minuten.
Trotz der zahlreichen Hügel ist die Gegend übersichtlich, so dass man sich auf den befestigten Feldwegen nach Sicht beliebig einen Rundgang zusammenstellen kann. Dies gilt vor allem für die Gegend an der Schwalb (Ausgangspunkt Mathesmühle).
Empfehlenswert und abwechslungsreich ist der mit 16 markierte Rundweg von 13,5 km Länge. Er führt von der Mathesmühle zum Kriegsstatthof, nach Gosheim, zur Schwalbquelle und zurück. Er kann auch in Gosheim begonnen und beendet werden.

Gosheim und die Mathesmühle.

Gosheim liegt am östlichen Rand des Rieses, etwa auf halbem Weg zwischen Harburg und Wemding. Bühl liegt im Ries, ca. 5 km westlich von Gosheim.

Zwischen Gosheim und Wemding weist ein Wegweiser zur Mathesmühle und zur „Waldschenke im Schwalbtal". Dort Parkmöglichkeiten.

3 | Burg und Stadt Harburg

Diese Stadtansicht ist sicher eine der schönsten in Bayern: Trutzig bewacht auf einem breiten, schroff abfallenden felsigen Bergsporn die mächtige Harburg die enge südöstliche Pforte in den Rieskessel. Eingezwängt zwischen Wörnitz und Felsen liegt ihr zu Füßen das nach ihr benannte Städtchen, und zu diesem spannt sich eine 1729 erbaute steinerne Bogenbrücke über den Fluss, dessen Wasser über ein Mühlenwehr hinunterrauscht, der Donau zu.

Die Harburg, ehemals Reichsburg der Könige und Kaiser, ist eine der ältesten Deutschlands. Ihr mittelalterlicher Bauzustand ist im Wesentlichen bis heute erhalten geblieben. Mit einer Länge von 220 m und einer Breite von bis zu 120 m war sie eine der flächenmäßig größten Burgen der Stauferzeit. Erstmals 1150 erwähnt, diente sie den Staufern als Stützpunkt zur Durchsetzung ihrer machtpolitischen Interessen und zur Sicherung ihrer Besitzungen im Ries. 1295 wurde sie an die Grafen von Oettingen verpfändet, 1418 überließ sie ihnen König Sigmund als Eigentum. 1731 fiel sie – die Oettinger hatten sich inzwischen in mehrere Linien geteilt – an die Linie Oettingen-Wallerstein, die sie, seit 1774 in den Fürstenstand erhoben, noch heute besitzt.

Schon nach dem Betreten der Burganlage durch das äußere Tor von 1594 und eine Art Zwinger wird deutlich, dass die Anlage zweigeteilt ist. Auf einer etwas tieferen „Terrasse" liegt die Vorburg, auf einem höher gelegenen Felsplateau die Kernburg. Wenn das Untere Tor durchschritten ist, gelangt der Besucher zuerst an die Rote Stallung, in der früher Pferde und Schweine untergebracht waren. Mit ihren reizenden Zwerchgiebelhäuschen aus Fachwerk bildet sie einen malerischen Anblick, der sogar dem Maler Spitzweg so gefiel, dass er ihn 1858 bei einem Besuch der Burg zeichnete.

Den Eingang zum Schlosshof ermöglicht das Obere Tor. In seinem Tordurchgang hängt ein mit eisernen Stacheln beschlagenes Fallgitter. An zwei Ketten konnte es herabgelassen werden und damit angreifende Feinde aufhalten. Wichtigster Teil der Befestigungsanlage war jedoch die Ringmauer der Kernburg. Sie gehört zum ältesten Baubestand aus dem 12. Jahrhundert, der Zeit der Staufer, und trägt auch noch ihren hölzernen Wehrgang, der ihr im 15./16. Jahrhundert aufgesetzt wurde. Ihre verschieden geformten Schießöffnungen gaben Schussfreiheit in alle Richtungen. Links an das Tor grenzt der viergeschossige Weiße Turm, in dessen vier Verliesen Straftäter ihre Freiheitsstrafen verbüßten.

Der Burghof bietet ein über Jahrhunderte hin unverfälschtes Bild. Im Gebäude rechts des Turms, in dem heute die Gaststätte zur Einkehr lädt, wohnte der Vogt, dem der Schutz und die Vertretung des Burgherren oblagen. Der anschließende Bau, das Kastenhaus von 1594/1595, war ursprünglich Lagerhaus für Getreide, später Marstall und Rüstkammer. Die südwestliche Seite der Burg schützen zwei trutzige Bergfriede. Das Mauerwerk des

Die Harburg über dem Wörnitztal

18

Stadt Harburg an der Wörnitz

rechten weist auf sein hohes Alter hin: Er wurde schon um 1200 aus Buckelquadern gemauert. Als ältester erhaltener Bau der Burg war er bei feindlichen Angriffen die letzte Zufluchstätte der Burgbewohner. Die volkstümliche Bezeichnung als Diebsturm, Hungerturm oder Faulturm deuten auf eine spätere Verwendung als Gefängnis hin. Im anschließenden Saalbau war die Burgmannschaft untergebracht. 1720 ließ Fürst Ernst Albrecht von Oettingen-Oettingen einen geräumigen, stukkierten Saal mit Deckengemälden einrichten. Heute werden hier in wechselnden Ausstellungen Graphiken und alte Stiche gezeigt

Den Kern des Fürstenbaus, der sich an die Ostseite anschließt, bilden Mauerreste des staufischen Palas. Hier residierte im 16. Jahrhundert längere Zeit die gräfliche Familie. Heute ist hier die fürstliche

Kunstsammlung zu besichtigen. Auf die Fensterladen sind in den oettingischen Hausfarben goldene Schrägen auf rotem Grund aufgemalt.

Die anschließende, etwas zurückgesetzte Schlosskirche, ein einschiffiger Bau mit einem Querhaus, ist die älteste Kirche Harburgs. Sie erwuchs aus einer romanischen Kapelle. 1720/21 wurde sie barockisiert. In der heute unzugänglichen Gruft ruhen Mitglieder der im Jahre 1731 ausgestorbenen evangelischen Linie Oettingen-Oettingen. Der Pfisterbau, der sich an die Schlosskirche anfügt, ist ein einfacher Renaissancebau mit einem quadratischen und einem runden Turm an den Ecken. Hier hat man das im Kastenhaus abgelieferte Getreide zu Brot gebacken, heute befindet sich darin der Burgladen.

Wie für jede Burg war auch für die Harburg eine funktionierende Wasserversorgung lebensnotwendig. Da das in Zisternen gesammelte Wasser nicht ausreichte, trieb man in den Felsen einen 100 m tiefen Brunnen bis zum Grundwasserspiegel und holte das Wasser mithilfe von Treträdern eimerweise herauf.

Schon sehr früh entstand zu Füßen der Burg die Stadt Harburg. Ihre Geschichte ist stark verzahnt mit der der Burg. Die evangelische Barbarakirche wurde 1612 anstelle einer Barbarakapelle von 1420 erbaut; sehenswert macht sie unter anderem ein Zyklus von biblischen Bildern. Der Bedeutung der Stadt entsprechend entstanden stattliche Amts-, Gast-, Bürger- und Handwerkerhäuser und Mühlen aus verschiedenen Epochen, die einen Rundgang durch die Stadt sehr lohnend machen. Da die Oettinger Grafen die Juden unter ihren Schutz nahmen, entwickelte sich eine starke jüdische Gemeinde, welche 1754 die noch erhaltene, seit 1938 jedoch profanierte Synagoge erbaute.

 Um die Lage, Bedeutung und Wehrhaftigkeit der Harburg im wahrsten Sinne des Wortes zu „ent-decken", und auch wegen der prachtvollen Ausblicke auf die Stadt sollte man vom Marktplatz aus zu Fuß hinaufgehen (Wegweiser). Der Weg führt an der Kirche vorbei und z. T. über Treppen hinauf zur Burg. Dabei hat man unterwegs die Wahl, direkt zur Burg hinaufzugehen oder an einer Abzweigung den (längeren) Weg nach links zu wählen, der die Anlage umrundet. Für den Rückweg bietet es sich an, die Burg durch das Tor zu verlassen und hinaufzugehen zum oberen Parkplatz. Dort zweigen zwei Wege ab. Der eine kommt direkt herauf von der Stadt, der andere führt in 10 Minuten zur „schönen Aussicht" und in 20 Minuten zur Stadt bzw. zum Bahnhof. Er verläuft auf dem rechten Hang des hier beginnenden schluchtartigen „Tals", steigt bald sogar nochmal ein wenig an, verläuft

dann auf der oberen Hangkante südwärts und führt zuletzt als schmaler Steig ziemlich steil abwärts. Von ihm aus bietet sich der wohl schönste Blick zurück zur Burg und hinunter auf die Stadt. Am Ende des Steigs kann man auf der Straße links zurück in die Stadt gehen.

Empfehlenswert ist auch ein Spaziergang von der Burg hinauf auf den „Bock". Es ist dies ein Aussichtspunkt, der links von dem an einem hohen Sendemast erkennbaren Hühnerberg liegt. Dazu muss man beim oberen Parkplatz auf dem Fahrweg geradeaus aufwärts gehen, immer auf den Sendemast zu, bis zu einer querenden Straße. Neben dieser geht es links aufwärts bis zum Aussichtpunkt mit einer Panoramatafel. Von dort hat man einen weiten Blick auf das südliche Ries mit Nördlingen bis zur Wallfahrtskirche Maria Brünnlein in Wemding. Einfache Strecke etwa 1 km.

Südwestlich der Harburg liegt mitten im Wald in idyllischer Lage die „Fürstliche Waldschenke Eisbrunn", ein beliebtes Ausflugsziel. Dorthin führt vom oberen Parkplatz der Burg ein markierter Weg mit geringen Höhenunterschieden. Weglänge knapp 4 km.

Harburg

An der Burg sind Parkplätze vorhanden. Der Burghof ist ganzjährig frei zugänglich. Die Besichtigung der Burg ist nur mit Führung möglich, und zwar von Mitte März bis Ende Okt. täglich außer Mo 10.00–17.00 Uhr, auf vorherige Anfrage aber auch das ganze Jahr über (Tel. 09080-9686-0).

4 | Das Zisterzienserkloster Kaisheim

Das Schmuckstück schlechthin des einst reichsunmittelbaren, nur dem Kaiser unterstellten ehemaligen Zisterzienserklosters Kaisheim ist sein prachtvoller Kaisersaal. Der Eindruck beim Betreten ist überwältigend: Wände und Decken sind über und über mit farbig gefassten Stukkaturen bedeckt. Da geht das Auge über von Brokatmustern, Wappen, Blumengirlanden, Vogel- und Greifenfiguren und allegorischen Motiven aus der Mythologie, Kunst und Wissenschaft, aus der Antike und dem Fernen Osten. Der italienische Stuckator Jacopo Appiani schuf sie 1724/25 zusammen mit seinen Werkstattmitgliedern Paolo Marazzi und Francesco Chiusa, und sie sind ein wichtiges Beispiel des Régence-Stils, der den Übergang zwischen schweren spätbarocken Formen und dem leichten Rokoko bildet.

Eigentlich widerspricht dieser Prunk der von Armut bestimmten Lebensweise der Zisterzienser. Doch schon früh hatte sich das Kaisheimer Kloster um die Reichs-

Ostchor der Kirche des ehemaligen Zisterzienserklosters Kaisheim

unmittelbarkeit bemüht und diese 1656 auch endgültig durchgesetzt. Und deshalb konnte es sich in der beginnenden Barockzeit wohl nicht mehr dem Trend der Zeit und dem Wandel der Kunststile entziehen, und auch die Ideale des Ordens mussten dem Zug zu höfischer Macht- und Prachtentfaltung weichen. So ließ Abt Rogerius Röls (1698–1723) die Abtei als repräsentative Anlage von Grund auf neu errichten. Den Auftrag dafür erhielt einer der damals höchstbegehrten Vorarlberger Architekten, der Baumeister Franz Beer. Von 1716–1723 erbaute er den ausgedehnten, um zwei geschlossene und einen offenen Hof herum angeordneten dreistöckigen Klosterkomplex und gab ihm sein barockes Aussehen. Neben dem Kaisersaal und den anschließenden Räumen der Prälatenwohnung gehörte auch der Bibliothekssaal zu den baulichen Glanzlichtern.

Den Eindruck zisterziensischer Bescheidenheit erweckt heute nur mehr die gotische Kirche mit ihrem schlichten Dachreiter, und diese auch nur von außen. Denn schon vor dem Neubau des Klosters hatte Abt Georg Müller (1637–1667) mit der sukzessiven barocken Ausgestaltung ihres Innenraums begonnen. Dabei blieb der gotische Raum selbst mit den drei Schiffen und dem mit einem reichen Rippennetz eingewölbten fünfschiffigen Chorumgang unberührt, Stuck und Raummalereien fehlen. Der Kirchenraum wurde lediglich mit dem Stil der Zeit entsprechenden künstlerisch hochwertigen Altären, Wandbildern und Skulpturen ausgestattet. Ein schmiedeeisernes Chorgitter ersetzte den Lettner, und im Chor wurde ein reich geschnitztes Chorgestühl aufgestellt. Dem streng gegliederten Hochaltar im Ostchor mit seinem reichen Skulpturenschmuck und zwei Gemälden des Ordensheiligen Bernhard von Clairvaux entspricht im Westen die Orgelempore. Ihren siebenteiligen Orgelprospekt zieren drei großartige monumentale Skulpturen: der Prophet David, ein Engel und die hl. Cäcilia. Die Engelsköpfe, üppige Fruchtgehänge und vor allem die Engel an der Orgelbrüstung mit 14 verschiedenen Musikinstrumenten verherrlichen die Musik, die auch im Kloster Kaisheim besonders gepflegt wurde. Sicher hat auch W. A. Mozart auf dieser Orgel gespielt, als er im Dezember 1778 elf Tage hier weilte. Und vielleicht hat er dieses Instrument gemeint, als er sich in einem Brief an seinen Vater zwar vom Kloster nicht besonders begeistert zeigte, aber schrieb: „Das Kostbarste muß ich erst sehen".

Das Kloster wurde im Zuge der Säkularisation 1802 aufgehoben und 1816 in ein Strafarbeiterhaus umgewandelt. Seit 1863 ist es Strafanstalt, heute staatliche Justizvollzugsanstalt.

 Etwa 5 km östlich des Klosters Kaisheim liegt das Schloss Leitheim, die ehemalige Sommerresidenz der Kaisheimer Äbte. Schon seit der Gründung des Klosters bewirtschafteten hier die Mönche eine Art Außenfiliale. Im 15. Jahrhundert erkannte man, dass hier, am sonnigen Südabfall der Fränkischen Alb in die Donauebene, Wein gedieh, umgab den Weinberg mit einer festen Mauer und errichtete eine Hofanlage mit einem Weingärtnerhaus. Nach dem 30-jährigen Krieg errichtete der Abt Elias Götz (1681–1696) eine repräsentative zweigeschossige Sommerresidenz mit einer Kirche. 1748–1750 erhielt das quadratische Schlossgebäude ein drittes Geschoss und sein mächtiges Mansardenwalmdach. Abt Cölestin Mermos (1739–1771) ließ es in Stil des Rokoko prächtig ausschmücken. Den großen Festsaal malte Gottfried Bernhard Göz nach einem rein profanen Kon-

Kaisersaal des ehemaligen Zisterzienserklosters ▷

Schloss Leitheim, die Sommerresidenz
der Kaisheimer Äbte

zept aus. Seine Malereien – die fünf Sinne,
die vier Elemente, die vier Temperamente
und die periodischen Zeitzyklen der vier Le-
bensalter, der vier Jahreszeiten und der
Wechsel von Tag und Nacht – gehören zu
den bedeutendsten Freskenzyklen des
süddeutschen Rokoko.
Nach einer umfangreichen Gesamtsanie-
rung ging das gesamte Areal 2008 von den
Besitzern, der Familie Tucher von Simmels-
dorf, an die Messerschmitt-Stiftung über.
Weithin bekannt sind die jährlich in den
Sommermonaten stattfindenden Leithei-
mer Schlosskonzerte.
Bei klarem Wetter bietet sich von Leitheim
aus ein weiter Blick nach Süden in die Donauebene und zu den Alpen.

Kaisheim

Der Ort liegt etwa 6 km nördlich von
Donauwörth an der B 2. Die Zufahrt zum
Klosterhof durch das Klostertor ist frei.

Auf der gleichen Etage wie der Kaisersaal
befindet sich in der ehemaligen Abtswoh-
nung auch die sehenswerte Ausstellung
„Hinter Gittern". Sie informiert anhand zahlreicher Exponate über die Geschichte des
Strafvollzuges in Bayern vom 19. Jahrhundert bis heute.

Kaisersaal und Ausstellung können gegen
ein geringes Eintrittsgeld vom 1. März–
30. Nov. jeweils am Mi und Do 10.00–17.00
Uhr, Fr 10.00–13.30 Uhr, Sa und So von 9.00–
16.00 Uhr besichtigt werden. Anfragen für
Führungen im Kaisersaal und in der Ausstellung an die JVA Kaisheim Tel. 09099/999-0.

Schloss Leitheim:
Besichtigung von Mitte Mai bis Sept. auf Anmeldung (Tel 09097/1016 (Jutta von Tucher).

5 | Die Ruinenkirche im Spindeltal

Das einsame Spindeltal, das vom Urdonautal nach Westen abzweigt, ist in den letzten Jahrzehnten durch eine Kirchenruine bekannt geworden, die genau auf der seit 1.200 Jahren bestehenden Grenze der beiden Bistümer Eichstätt und Augsburg liegt. Noch in den 1980er Jahren war sie ein verlassener, romantischer Ort. Nur wenige waren sich noch bewusst, dass sich hinter den Hecken, die sie umwucherten, eine einstige Wallfahrtskirche mit einer wechselvollen Geschichte verbarg.

Schon in der 2. Hälfte des 15. Jahrhunderts baute hier ein Graf von Helfenstein, der Besitzer von Burg und Ort Wellheim, eine Marienkapelle. Sie wurde bald zu einer viel besuchten Wallfahrtsstätte. Doch es währte nicht lange, bis das erste Unheil über sie hereinbrach: Wahrscheinlich 1555 ließ der zum Protestantismus gewechselte Neuburger Pfalzgraf Ottheinrich die Kapelle profanieren, die Kirchengeräte entfernen und das Dach abtragen. Dies bedeutete praktisch das Ende der Wallfahrt.

1727 stürzte Franz Ferdinand von Schwab, pfalz-neuburgischer Kastner in Graisbach, in der Nähe der Ruine böse vom Pferd. Zur gleichen Stunde wurde seine Frau zu Hause vom Hufschlag eines Hengstes ins Gesicht getroffen. Beide blieben unverletzt. Für den Kastner war dies ein Zeichen von oben. Zum Dank ließ er bei der Ruine ein Marienbild anbringen, so die Legende. Sicher ist, dass bereits im August desselben Jahres die Wallfahrt in großem Umfang wieder einsetzte. Dies führte dazu, dass die Kirche schon 1729 auf den alten gotischen Resten neu erbaut und 1747 erweitert wurde.

Unmittelbar nach der Wiederbelebung der Wallfahrt begann aber wegen ihrer politisch und kirchlich nicht eindeutig geklärten Grenzlage der Streit ums Geld: Wem gehörten die Geldopfer der Wallfahrer? Der Pfarrei Wellheim in der Diözese Augsburg oder der „Eichstätter" Pfarrei Rögling, der die Neuburger Regierung das Restvermögen der Wallfahrt schon nach der Profanierung zugesprochen hatte? Oder der Pfarrei Ensfeld, deren Pfarrer sie wegen der Armut seiner Pfarrei für sich reklamierte? Der Streit darüber dauerte Jahrzehnte. Angesichts der offensichtlichen Unmöglichkeit, ihn zu schlichten, sprachen sich schließlich die Ordinariate von Augsburg und Eichstätt 1781 für die Auflassung der Wallfahrt und die Zerstörung der Kirche aus, die dann 1783 auch erfolgte. Die verbliebenen Mauerreste verfielen nach und nach, und aus der einst blühenden Wallfahrt wurde ein vergessener Ort.

Am 5. Dezember 1931 barg der arbeitslose Zimmermann Xaver Hiermeier aus Tagmersheim auf „Schatzsuche" in der ehemaligen Sakristei der Ruine eine steinerne gotische Marienfigur aus dem 14. Jahrhundert. Man brachte sie in die Pfarrkirche im nahen Ensfeld, wo sie nach einem erneuten Besitzstreit auch verblieb. In der Ruine selbst steht heute eine Nachbildung.

1984 stellte die Jugend von Emskeim in der Ruine ein Holzkreuz auf. Dies war der Auftakt zu deren grundlegender Renovierung und „Wiederbelebung". Im folgen-

Die Kirchenruine im Spindeltal

den Jahrzehnt wurden die Mauern gefestigt, behutsam ergänzt und mit einem Dach versehen. Heute ist die wieder erstandene Ruinenkirche zu „Unserer Lieben Frau im Spindeltal" eine viel besuchte Gebetsstätte. Um weiteren Streitereien auf Dauer jegliche Grundlage zu entziehen, einigten sich die beiden Diözesen 1994 vertraglich auf die Zugehörigkeit der Kirche zur Diözese Augsburg und damit zur Pfarrei Wellheim

Spaziergang: Kurz nach der Abzweigung Tagmersheim/Monheim zweigt nach links ein ehemaliges Straßenstück ab. Auf ihm kann man parken und auf dem abzweigenden Weg zum Waldrand hinaufgehen. Dort

trifft man auf die Markierung des Wallfahrerwegs (gelbes Schild mit Bischofsstab). Sie führt nach rechts (taleinwärts) zur Ruinenkirche. Einfache Wegstrecke knapp 2 km.

Ruinenkirche im Spindeltal

An der Kirche befindet sich ein großer Parkplatz. Das Spindeltal zweigt zwischen Dollnstein und Wellheim nach Westen in Richtung Tagmersheim/Monheim ab. Von der Abzweigung bis zur Ruinenkirche sind es noch etwa 2 km. Die Kirche ist ganzjährig tagsüber geöffnet.

6 | Wellheim im Urdonautal

Die Landschaft um den Markt Wellheim ist ein Werk der Donau. Bevor diese ihren heutigen „direkten" Weg über Ingolstadt nach Regensburg nahm, bog sie ungefähr beim heutigen Markt Rennertshofen nach Norden ab, nahm bei Dollnstein die Altmühl auf, änderte ihre Laufrichtung und floss durch das heutige Altmühltal in östlicher Richtung weiter nach Kelheim. Sie war auf dieser Strecke die landschaftsbildende Kraft. Das beweisen neben der Breite des Tals auch die alpinen Gerölle, die man von Rennertshofen bis Kelheim an den Talflanken finden kann.

Dieses „Urdonautal" wurde vor ca. 3 Millionen Jahren, also noch im Tertiär, angelegt. Während damals die Altmühlalb langsam gehoben wurde, schnitt sich der Fluss zuerst durch die weichen kreidezeit-

lichen und tertiären Ablagerungen über dem Juragestein ein und legte damit seinen Lauf in groben Zügen fest. Als die Urdonau auf das harte Juragestein stieß, versuchte sie, dem Verlauf der etwas weicheren Plattenkalkwannen zu folgen. Wo dies nicht möglich war, musste sie sich durch die harten Riffgesteine arbeiten. So entstanden neben breiten auch enge Talabschnitte, steile Prallhänge und, ihnen gegenüber, flachere Gleithänge.

Auch der Wellheimer Talkessel ist ein Werk der Urdonau: so die großartigen Korallenriffe aus der Jurazeit, die am Prallhang des Flusses aus dem Wald ragen, die Felswände und Felstürme beim Dorf Aicha und vor allem der weithin sichtbare Dohlenfelsen – alle zusammen ein viel besuchtes Kletterparadies, durch das der anspruchs-

Die Burg Wellheim im Urdonautal

Kletterfelsen im Urdonautal bei Wellheim

volle „Oberlandsteig" führt. In der Mitte des weiten Tales traf der Fluss auf härteres Gestein und ließ eine Insel stehen, den Galgenberg, einen Umlaufberg mit herrlicher Aussicht auf das mit einer Burgruine bekrönte Wellheim und auf Konstein.

An seinem Fuß liegt in einer Höhe von 395 Metern über Normalnull die Quelle der Schutter, die aus Wasservorräten gespeist wird, die in großer Tiefe gespeichert sind. Die heute wieder eindrucksvolle Quelle war in den 1960er Jahren mit einer Steinmauer eingefriedet worden. Vor knapp zwei Jahren wurde sie renaturiert und der Quelltopf wieder freigelegt. Seitdem hat sie sich wieder zum Lebensraum für quelltypische Arten entwickelt. Im Quellbereich tummeln sich seltene Amphibien und „Quellspezialisten", die auf die kühlen und klaren Lebensbedingungen angewiesen sind – Köcherfliegenlarven, Strudelwürmer, z. T. stark gefährdete Molcharten.

Heute fließt die Schutter entgegen der einstigen Flussrichtung der Urdonau zuerst einige Kilometer in deren Tal, bis sie dieses bei der Feldmühle verlässt und nach einem Lauf von 31 km bei Ingolstadt in die Donau mündet.

Nicht nur die Schönheiten der Natur fordern heraus, das Wellheimer Gebiet auf einer Wanderung kennenzulernen, sondern auch von Menschen geschaffene Sehenswürdigkeiten der Kunst und Kultur. Das Ortszentrum Wellheims ist geprägt von der Pfarrkirche St. Andreas, dem sie umgeben-den Friedhof, dem stattlichen Pfarrhaus und dem ehemaligen „Torhaus". Die Kirche wurde um 1700 wahrscheinlich nach Plänen des Eichstätter Hofbaumeisters Jakob Engel im Barockstil neu erbaut und reich mit barocken Kunstwerken ausgestattet. Zwischen ihm und dem 1709–1712 erbauten Pfarrhaus liegt der Friedhof, an dessen Gräbern ausschließlich Holzkreuze aufgestellt werden dürfen. Von der ehemaligen Marktbefestigung ist das westliche Torhaus nahe der Kirche erhalten. Heute befinden sich darin das Tourismusbüro und ein kleines, aber feines Heimatmuseum.

Die eindrucksvolle Burgruine mit ihrem 35 m hohen Bergfried lohnt einen Besuch auch wegen des weiten Blicks auf Wellheim und das Urdonautal. Wiederholt wechselte die Burg ihre Besitzer, bis sie 1683 der Fürstbischof von Eichstätt kaufte und damit bis 1803 der (weltliche) Landesherr der Wellheimer war. Heute ist die Ruine in ihrem Bestand gesichert und kann betreten werden.

Südöstlich, der Burg gegenüber, liegt auf einem Dolomitfelsen die Kreuzelbergkapelle, eine kleine Saalkirche mit sich anschließender offener Kapelle. Sie wurde in der Barockzeit 1654 erbaut und ist mit Stuck und Barockmalereien ausgestattet. Früher war sie eine Zeit lang von einem Eremiten bewohnt.

Wellheim

Wellheim liegt etwa je 18 km nordwestlich von Neuburg/Donau und südwestlich von Eichstätt. Anfahrt von Neuburg über Bergen oder von Eichstätt über Dollnstein. Großer Parkplatz an der Schutter.

Durch das Urdonautal führt von Rennertshofen bis Dollnstein auch der Amper-Altmühl-Radweg.

7 | Dollnstein

Landschaftlich dürfte der Abschnitt des Altmühltals bei Dollnstein wohl zu den schönsten am gesamten Lauf des Flusses zählen. Wand er sich seit seinem Eintritt in die Fränkische Alb durch ein enges Tal, treten nun die Hänge plötzlich zurück und umschließen einen weiten Kessel. Er ist eingerahmt von Trockenrasen-Wacholderhängen, aus denen vielgestaltige weiße Dolomitfelsen in den Himmel ragen, und durchflossen von der Altmühl. Seine Mitte bildet der mauerumgürtete historische Ortskern, der sich so in dieses Gesamtbild einfügt, als sei seine Form bewusst dem Verlauf der Berghänge angeglichen worden.

Seinen Namen hat Dollnstein, schon 1007 als „Tollunstein" erwähnt, von einem aus dem Altmühlgrund unvermittelt aufragenden, lang gezogenen Felsen mitten im Tal, der keine Verbindung mehr zu den umliegenden Jurabergen hat. Er gab dem Ort auch seinen Namensteil „-stein". Der erste Teil des Ortsnamens bezeichnet sicher eine den Geschichtsforschern bislang noch unbekannte Person.

Das Felsband selbst ist ein Relikt der Erosionsarbeit der tosenden Wassermassen am einstigen Zusammenfluss von Ur-Altmühl und Ur-Donau. Erstere kam, wie noch heute, von Nordwesten, letztere von Süden durch das heutige Wellheimer Tal. Beim heutigen Dollnstein stellte sich eine Felszunge in den Weg, an der die beiden

Markt Dollnstein im Altmühltal

Blick auf Dollnstein mit Ringmauer, Torturm, ehem. Kastenhof und Kirche

Flüsse von zwei Seiten her „arbeiteten", bis sie endlich vereinigt waren. Wo das Gestein am härtesten war, konnte es den Wassern trotzen. Gewaltige Felsen am östlichen Ortsausgang markieren noch heute die ursprüngliche Mündung der Altmühl in die Donau.

Wohl schon vor dem Jahr 1000 entstand am Altmühlufer am Fuß des Felsrückens eine Niederungsburg, die spätestens im 12. Jahrhundert von einer stattlichen Höhenburg auf dem Felsen abgelöst wurde. Ihre Herren waren die Grafen von Grögling, die sich später nach ihrem Stammsitz oberhalb von Beilngries Grafen von Hirschberg nannten. Nach wiederholtem Besitzerwechsel kam Dollnstein 1440 an die Bischöfe von Eichstätt. Diese bauten Burg und Ort aus und machten ihn zum Sitz eines Pfleg- und Kastenamtes. 1490 verstärkte Bischof Wilhelm von Reichenau die damals wohl schon 200 Jahre bestehende Wehrmauer und

befestigte sie zusätzlich durch zwei Tore, von denen nur noch eines erhalten ist. Nach der Säkularisation kam Dollnstein 1802 an den Großherzog Ferdinand III. von Toskana, der die Burg 1804 versteigern ließ. 1806 wurde der Ort bayerisch.

In den folgenden Jahrzehnten wurde die Burg von den neuen Besitzern, sieben Dollnsteiner Bürgern, als Steinbruch ausgeschlachtet. Erhalten geblieben sind – neben dem romanischen Burgtor, einem der wenigen in Bayern noch vorhandenen sogenannten Kammertore – die Wirtschaftsgebäude aus dem Jahr 1445 im einstigen Burghof am Fuß des Felsens. Sie gehören zu den ältesten noch erhaltenen Bauten der Gegend, die in der heimischen Jurabauweise errichtet wurden. Nach einer vorbildlichen, preisgekrönten Renovierung sind sie ein Glanzstück des Ortes. Im Jahr 2011 wird darin das „Altmühlzentrum Burg Dollnstein" eingerichtet. Es soll unter dem Leitthema „Altmühl und Mensch" u. a. über die vielfältige Bedeutung des Flusses für die Talbewohner im Lauf der Geschichte und in der Gegenwart, über die Altmühl-Jura-Bauweise und über die „Burgenlandschaft Altmühltal" informieren. Höhepunkte werden ein großes Flussfischaquarium und die Ausstellung eines Schatzfundes mit rund 3.500 Silbermünzen und interessanten Schmuckgegenständen. Dieser wurde um 1360/1370 im Boden versteckt und im November 2007 bei den archäologischen Grabungen wiederentdeckt.

Auf dem niedrigeren Teil des Felsbandes steht die Pfarrkirche St. Peter mit ihrem hoch aufragenden Kirchturm. Sie geht auf romanische Zeit zurück und erhielt um 1310 ihren gotischen Chor. Einige ihrer Kunstwerke sind von höchstem Rang, allen voran die Fresken im Chorraum aus der Zeit um 1220/30. Dargestellt sind Christus als Leidensmann, je zwölf Propheten und Apostel und vier Kirchenväter mit Schriftbändern. Von herausragender künstlerischer Qualität ist die Darstellung der Madonna in inniger Beziehung zu ihrem Kind, mit der Sonne umkleidet, den Mond zu ihren Füßen und mit zwölf Sternen bekrönt.

Die Fresken über dem Chorbogen und im Kirchenschiff schuf in inhaltlicher und farblicher Anlehnung an die gotischen Bilder 1951/52 der bedeutende Münchner Kirchenmaler Josef Bergmann, der während der Arbeit überraschend starb. Klein, aber fein ist ein Abendmahlbild vom Dürerschüler Hans Schäufelein auf dem rechten Seitenaltar. Wertvolle Epitaphien an

Ausschnitt aus dem Freskenzyklus in der Pfarrkirche Kirche St. Peter. Von links: Apostel Matthias, Kirchenväter Augustinus und Ambrosius, „Dollnsteiner Madonna"

den Wänden erinnern an Dollnsteiner Pfleger und Kastner, die Verwalter des Fürstbischofs. Die Haube des Kirchturms und den Pfarrhof neben der Kirche schuf 1727 bzw. 1740 der fürstbischöflich-eichstättische Baumeister Gabriel de Gabrieli.

Der sicher bekannteste und am häufigsten abgebildete Einzelfelsen des Altmühltales ist der markante Burgsteinfelsen am linken Talhang zwischen Dollnstein und Breitenfurt. Auch er entstand, wie die Zwölf Apostel bei Solnhofen, zur Zeit des Oberen Jura vor etwa 150 Millionen Jahren in einem flachen subtropischen Schelfmeer, einem „Ausläufer" des „Tethys"-Meeres, das damals die Gegend bedeckte. In den flachen Wannen dieses Meeres wurden die Plattenkalke abgelagert. Am Rande dieser Plattenwannen bildeten sich Schwammriffe und -plattformen, die von der Erosionskraft der Flüsse – im Fall des Burgsteinfelsens von der Urdonau vor mehr als 2 Millionen Jahren – freigestellt wurden. Seit vielen Jahren nutzen Sportkletterer die 30 Routen der Schwierigkeitsgrade IV bis IX des 45 m hohen Felsens zum Üben. Sogar im Herbst und Winter sind dank der schnell abtrocknenden Felswände optimale Bedingungen garantiert. Der Burgsteinfelsen ist aber auch ein gelungenes Beispiel für das Bestreben, durch einen „sanften" Tourismus Naturschutz und Freizeitnutzung im Altmühltal harmonisch zu verbinden. Um den engeren Bereich um den Felsen zu schützen, wurde der Fahrradweg in einem großen Bogen um ihn herumgeführt und darin ein Feuchtbiotop angelegt. Vom Bayerischen Geologischen Landesamt wurde der Felsen in die Liste der schönsten Geotope Bayerns aufgenommen. Ein – freilich andersartiges – Gegenstück zum Burgsteinfelsen ist die Felsengruppe der „Hilzernen Klinge," vergleichbar mit

den zwölf Aposteln bei Solnhofen. Sie liegt nur wenig talaufwärts westlich von Dollnstein, also vor der einstigen Mündung der Altmühl in die Urdonau. Weil das Tal hier seine Entstehung allein der „kleinen" (Ur-)Altmühl verdankt, ist es viel enger und „intimer" als das breite Bett der Urdonau und deshalb von besonderem Reiz. Die Felsgruppe, die nur zu Fuß zu erreichen ist, wird von der Eisenbahnlinie durchschnitten, was ihr aber nicht unbedingt zum Nachteil geriet, weil auch ein Arm der Altmühl abgetrennt wurde und sich zu einem romantischen und stillen Altwasser entwickeln konnte. Der Trockenhang zwischen und über den Felsen ist bestanden von Wacholderbüschen, Kiefern und Hecken und ist Lebensraum für zahlreiche die Wärme liebende und z. T. seltene Pflanzen- und Tierarten – ein ruhiges Fleckchen zum Ausruhen und weglosen „Streunen".

Dollnstein

Der Markt liegt im Altmühltal, etwa 16 km westlich von Eichstätt.

Spaziergang zum Burgsteinfelsen (ca. 3 km): Am Torturm („Petersturm") mit der Markierung des Altmühltal-Panoramaweges in Richtung Obereichstätt. Am Burgsteinfelsen ins Tal absteigen und auf dem Radweg zurück nach Dollnstein

Spaziergang zur Felsgruppe „Hilzerne Klinge" (ca. 4 km): Am Torturm mit der Markierung des Panoramaweges Altmühltal in Richtung Mörnsheim. Sie führt zuerst die Ringmauer entlang, dann rechts aufwärts auf den sog. Steinbügel (Aussicht!) und oberhalb der Felsgruppe weiter bis Hagenacker. Dort über die Bahnlinie und auf dem Radweg im Tal zurück.

8 Solnhofen und die „Zwölf Apostel"

„Solnhofen – eine Welt in Stein". Mit diesem Slogan lädt der Ort im Altmühltal zum nachhaltigen Urlaubserlebnis ein. Und wohl selten ist ein Werbespruch so zutreffend. Werden doch auf der Albhochfläche bei Solnhofen die weltberühmten Plattenkalke abgebaut. Das Bürgermeister-Müller-Museum im Rathaus zeigt eine einzigartige Sammlung von Fossilien aus diesen geologischen Schichten. Ein Hobbysteinbruch gibt jedermann die Gelegenheit, selbst fündig zu werden und „seinen" Archäopteryx zu suchen. Die Häuser der Ortes wurden jahrhundertelang aus den Natursteinen gebaut, die man aus dem Boden holte, und mit Kalkplatten gedeckt. Auch die Reste der „Solabasilika", von der die Archäologen vom 7. bis zum

10. Jahrhundert fünf Bauphasen nachweisen konnten, sind ein beredtes Zeugnis dafür, dass der Solnhofener Stein in allen Jahrhunderten als Baumaterial diente.

Bei Urlaubern ist Solnhofen aber auch durch eine einzigartige Felsgruppe bekannt, die zu den bekanntesten der Gegend zählt und bei deren Nennung viele automatisch das Altmühltal assoziieren: die „Zwölf Apostel". Freilich kann man zählen, so oft man will, auf die Zwölfzahl wird man nur durch Tricksereien kommen. Aber zwölf Apostel sind eben einprägsamer als elf oder 14 – werbemäßig eigentlich ein genialer Name.

Wie Perlen an einer Schnur aufgereiht säumen die Einzelfelsen bzw. Felsgruppen den nördlichen Talhang. Weiß leuchten sie aus dem Grün des umgebenden

Die Felsgruppe „Zwölf Apostel" am Hang des Altmühltals bei Solnhofen

Die „Sola-Basilika" in Solnhofen

Hangwaldes oder der Trockenrasen hervor und bilden, mit der Altmühl im Vorder- und dem blauen Himmel als Hintergrund, ein Naturensemble, das sich jedem einprägt, der es einmal in sich aufgenommen hat.

Geologisch gesehen ist die Sache mit den Zwölf Aposteln aber nur auf den ersten Blick einfach: „Sie sind aus Schwamm-Algen-Kalken aufgebaut und stellen die Reste eines Riffgürtels im tropischen Jurameer dar", wissen die Geologen und haben die Gruppe in die Reihe der schönsten Geotope Bayerns aufgenommen. Riffe? Riffgürtel? Jurameer? Hier in Solnhofen, mitten in Bayern?

Ja, aber das ist lange her. Wie die Solnhofener Plattenkalke wurden auch die späteren Felsen, die heute an vielen Stellen das Tal der Altmühl säumen, schon vor etwa 150 Millionen Jahren gebildet. Damals bedeckte das Jurameer Süddeutschland, ein warmes, flaches, lagunenartiges Schelfmeer. In seinem Norden und Osten lagen die Küsten der „Mitteldeutschen Schwelle" und der „Böhmischen Insel", im

Süden war es verbunden mit dem offenen, tiefen „Tethys-Meer", dem Mittelmeer des Erdmittelalters. Das Klima war tropisch warm und das Wasser kalkreich – optimale Lebensbedingungen für die kalkabscheidenden Organismen, die das Meer in Heeren bevölkerten. In den dadurch allmählich entstehenden Kalkschichten auf dem Meeresgrund, zwischen denen bei zeitweiligen Rückzügen des Meeres in wechselnder Folge auch Mergelschichten abgelagert wurden, siedelten sich an einzelnen Stellen auch Kieselschwämme, Algen und Mikroben an. Sie verstärkten die Kalkfällung und wuchsen über den Boden des Jurameeres hinaus zu flachen Riffkuppen, die mitunter auch zu ausgedehnten Plattformen verbunden waren. In den flachen Wannen zwischen ihnen aber wurden weiterhin feinkörnige, geschichtete Kalke abgelagert, die Solnhofer Plattenkalke. So die zur Zeit gängige Theorie, die aber durch neue Forschungen in Frage gestellt wird.

Sicher aber ist: Gegen Ende der Tertiärzeit vor etwa 2,6 Millionen Jahren, begann dann die eigentliche „Geburtsstunde" der Jurafelsen. Jetzt wurden die Gesteine der Frankenalb durch Kräfte aus dem Erdinneren gehoben. Als Folge davon schnitten sich die Flüsse tiefer in den Untergrund ein. So entwickelte sich langsam das heutige Landschaftsbild mit Tälern und Hochflächen. Die harten Algen-Schwamm-Riffe aber, die im Jurameer gewachsen waren, setzten der Verwitterung großen Widerstand entgegen und wurden an den Talhängen zu markanten Felstürmen herauspräpariert. Die Zwölf Apostel sind ein besonders eindrucksvolles Beispiel dafür. Heute stehen sie als isolierte Felstürme da, ursprünglich jedoch war es ein zusammenhängender Riffhügel. Die Einzelfelsen entstanden erst im darauffolgenden Quartär: Als sich das Tal stark eintiefte, wurde der ehemals zusammenhängende Riffkomplex in die heute so beeindruckenden einzelne Felstürme zerteilt.

☀ *Die beiden großen Sehenswürdigkeiten im Ort Solnhofen sind das Bürgermeister-Müller-Museum im Rathaus in der Bahnhofstraße und die Sola-Basilika neben der evangelischen Kirche. Das Museum zeigt in beleuchteten Vitrinen eine einzigartige Auswahl versteinerter Tiere und Pflanzen aus der Jurazeit, die beim Abbau der Plattenkalke in den umliegenden Steinbrüchen gefunden wurden: Saurier bzw. Reptilien verschiedener Größen, Krebse, Ammoniten und Belemniten. Besonders reich vertreten sind die Fische wie Kugelzahnfische, Seekatzen, Haifische, Schnabelfische und Knochenfische. Eine Seltenheit sind Meeres- und Landpflanzen wie Tange und Urzypressen. Absolutes Highlight ist ein Original des Urvogels Achaeopteryx. Eine eigene Abteilung im Museum ist dem Druck mithilfe Solnhofener Platten gewidmet, dem Lithographiedruck. Alois Senefelder erfand ihn 1798.*

In den Jahren 1961–1966 und 1974–1979 brachte das Institut für Ur- und Frühgeschichte der Universität Heidelberg durch archäologische Grabungen Licht in die Geschichte der 1783 abgebrochenen Sola-Basilika und ihrer fünf Vorgängerbauten, deren erster auf das Jahr 650 zurückgeht. Die sehr interessante, überdachte Ausgrabung ist frei zugänglich. Informationstafeln erläutern die einzelnen Bauphasen.
Der hl. Sola, ein Angelsachse, ließ sich hier als Einsiedler nieder, missionierte und betreute die Christen der Gegend. Er starb 795. Schon bald wurde der Ort nach ihm „Solnhofen" genannt.

Solnhofen und die Zwölf Apostel

Solnhofen liegt im mittleren Altmühltal zwischen Eichstätt und Treuchtlingen.

Das Bürgermeister-Müller-Museum ist vom 1. März.–31. Okt. täglich von 9.00–17.00 Uhr, vom 1. Nov.–28. Feb. nur So von 13.00–16.00 Uhr geöffnet. Weitere Zeiten nach Vereinbarung.

Zum „Erwandern" der Zwölf Aposteln ist es empfehlenswert, vom Bahnhof aus auf dem Radweg zum Dorf Esslingen (Gesamteindruck von der Felsgruppe) und von dort auf dem „Altmühltal-Panoramaweg" (aussichtsreicher markierter Wandersteig) oberhalb der Zwölf Apostel zurück zu wandern. Gesamtweg etwa 4 km.

An der Talstraße in Richtung Eichstätt, die sich unterhalb der Zwölf Apostel entlang zieht, liegt gleich hinter Solnhofen ein Wanderparkplatz, von dem man auf dem Trockenhang zu den Zwölf Aposteln hinaufgehen kann.

Der „Altmühltal-Panoramaweg" verläuft direkt oberhalb der Felsgruppe und gewährt gute Blicke auf einzelne Felsen und die ganze Gruppe.

9 | Pappenheim

Die Aussicht vom „Weinberg", auf dem bis ins 18. Jahrhundert auch tatsächlich Wein angebaut wurde, auf das Städtchen Pappenheim ist traumhaft schön: Auf einem von der Altmühl umflossenen, lang gezogenen Bergsporn liegt die stattliche Burgruine, darunter schmiegt sich die einstige Residenzstadt der Grafen von Pappenheim an. „Daran erkenn ich meine Pappenheimer" lässt Schiller in seinem Drama „Wallensteins Tod" den Feldherrn Wallenstein sagen und lobt damit die Kürassiere des Reichsgrafen Gottfried Heinrich zu Pappenheim wegen ihrer Treue und Verlässlichkeit. Damit hat er den Namen der Stadt bis heute in ganz Deutschland bekannt gemacht.

Von der Burg, der „Krone" der mauerumgürteten Stadt, sind noch beachtliche Teile erhalten: der Bergfried, die Burgkapelle, der Palas und vor allem große Teile des wehrhaften Befestigungsrings mit einem vorgelagerten, turmbewehrten Zwingersystem. Die mächtige Hauptburg war in großen Teilen schon gegen Ende des 13. Jahrhunderts fertig. Anfänglich wohl königliche Burg, wurde sie später den Reichministerialen von Pappenheim als Lehen, dann als Besitz überlassen und durch eine Vorburg erweitert. Als Reichserbmarschälle übten die „Pappenheimer" ihr Amt hauptsächlich bei Königs- und Kaiserkrönungen aus. Als besondere Aufgabe war ihnen der Schutz der Juden bei den Reichsversammlungen übertragen. Und weil sich die Juden hier wohl und sicher fühlten, lebte vom späten Mittelalter bis ins frühe 19. Jahrhundert in der Stadt eine große Judengemeinde. Der alte Judenfriedhof an der Bürgermeister-Rukwid-Straße legt hiervon trotz der Zerstörungen in der Zeit des Nationalsozialismus ein eindrucksvolles Zeugnis ab.

Älter als das spätere Grafengeschlecht ist Pappenheim selbst. 802 erhielt das Kloster St. Gallen Ländereien in und um „Papinheim" im Sualafeldgau zum Geschenk. Die St. Galluskirche aus dem 9. Jahrhundert zeugt noch heute von dieser „Beziehung".

Im Schutz der Burg wurde im 12. Jahrhundert zwischen dem steilen Burgfelsen

Denkmal des Reichsgrafen Gottfried Heinrich von Pappenheim

und der Altmühl planmäßig das heutige Stadtzentrum angelegt. Bald entwickelte sich ein reiches Gewerbeleben. In starken Zünften waren vornehmlich die Hafner, Nadler und Bortenmacher zusammengeschlossen. Obwohl von Kriegen, Hungersnöten, Seuchen und der Pest heimgesucht, erholte sich Pappenheim immer wieder und wurde als Residenzstadt zum Mittelpunkt der Grafschaft Pappenheim. 1288 erhielt sie das Stadtrecht.

Im Schwedenkrieg 1634 und dann erneut im Spanischen Erbfolgekrieg 1704 wurden Stadt und Feste stark in Mitleidenschaft gezogen. Die Burg war danach unbewohnt und verfiel. Anfang des 19. Jahrhunderts wurde sie, dem Zeitgeschmack folgend, in eine romantische Ruine umgewandelt. Das Jahr 1806 brachte mit der Eingliederung in das Königreich Bayern das Ende der reichsunmittelbaren Herrschaft.

Geblieben aus der einstigen „großen Zeit" sind in der Stadt sehenswerte Bauten: neben der Galluskirche das im Kern spätromanische Obere Tor, das ehemalige, 1372 gegründete Augustiner-Eremitenkloster mit der Klosterkirche von 1493, seit 1700 Gruftkirche der Marschälle von Pappenheim, die 1476 vollendete spätgotische evangelische Pfarrkirche mit sehenswerten Grabmälern der Familie, das Rathaus von 1595, das sogenannte „Alte Schloss", ein Renaissancebau um 1600, sowie das stattliche, von Leo von Klenze 1819/20 erbaute klassizistische „Neue Schloss".

Blick vom „Weinberg" auf Stadt und Burg Pappenheim

Eine Ausnahme bildet der imposante, 25 m hohe Bergfried mit seinen 3,3 m dicken Mauern Es war das Machtsymbol der Burg schlechthin, ihr innerstes Zentrum und letzte Zuflucht für die Burgbewohner. Er ist frei zugänglich und gewährt einen unvergesslichen Blick auf die Burganlage, die historische Altstadt und das Altmühltal.

Der Palas der Hauptburg hatte einst drei Obergeschosse. Sie erreichten fast die Höhe des Bergfrieds und müssen mit ihren zur Talseite hin fensterlosen Mauern von imponierender Fernwirkung gewesen sein. Heute stehen davon nur noch das Erdgeschoss, das erste Obergeschoss und die wesentlichen Mauern des zweiten Obergeschosses sowie von der mit dem Palas verbundenen Burgkapelle noch die Ostwand mit der romanischen Apsis und Teile der Süd- und Nordwand. Sie war ursprünglich dem hl. Blasius geweiht, später dem hl. Georg, dem Drachentöter und deshalb Patron von Adel und Rittertum.

Natürlich war es entscheidend, dass diese weiträumige Burg stark befestigt war. Mit Außenwerken, die in Gestalt von Zwingern Vor- und Hauptburg zur Gänze umgaben und einem dreifachen, mit zusätzlichen Verteidigungstürmen bewehrten Mauerring mit Wehrgängen in zwei Geschossen. Zum Schutz der schwer zu verteidigenden Südwestflanke zog sich hier der „Kanonenweg," eine doppelte Stadtmauer, bis zur Burg hinauf.

Das urkundlich als „Preißingerhaus" bekannte dreigeschossige Gebäude mit Satteldach, das im Kern noch aus dem 13. oder 14. Jahrhundert stammt, war das Zeughaus der Burg. Hier wurden Waffen und sonstiges Kriegsmaterial aufbewahrt. Heute befinden sich darin ein historisches

☀ Die **Burg** der ehemaligen Residenzstadt der Pappenheimer war die Stammburg der Reichserbmarschälle des „Heiligen Römischen Reiches". Über das gesamte Mittelalter hatte die ausgedehnte Burganlage eine herausragende Bedeutung. Mit Bergfried, Palas, Kapelle, Ringmauer, Torbau und Zwingeranlage in zwei Burghöfen zeigt sie die klassische Anlage einer Adelsburg. 300 m ist sie insgesamt lang. Vor- und Hauptburg sind heute durch eine starke Steinbrücke miteinander verbunden.

Während die Gebäude der Vorburg noch außerordentlich gut erhalten sind und gut restauriert wurden, bleiben die gewaltigen Bauten der Hauptburg wie der Palas und die Burgkapelle nur als Ruinen erhalten.

Die Galluskirche in Pappenheim, eine der ältesten Kirchen in Franken

Museum und der Ahnensaal, ein großer, hochwertig mit original mittelalterlichen Schränken, Truhen und Gemälden ausgestatteter Rittersaal.

Der romantisch am Fuße der Burg gelegene Turnierplatz bietet mit seinen 4.000 m² Nutzfläche eine herrliche Kulisse für Großveranstaltungen verschiedener Art: Ritterturniere und Open-Air-Großereignisse wie Messen, Kulturveranstaltungen und Oldtimertreffen. Am Westabhang des Burgberges liegen im Bereich der Burg auch ein Botanischer Garten mit weit über 1.000 Arten aus der heimischen Pflanzenwelt, ein Historischer Kräutergarten mit rund 500 Heil- und Nutzpflanzen sowie ein Natur- und Jagdmuseum.

St. Galluskirche. Ein zweiter Spaziergang muss in Pappenheim dem überregional wohl bedeutendsten Baumerk der Stadt gelten, der St. Galluskirche. Sie ist eine der ältesten Kirchen in Franken. Das Mittelschiff der dreischiffigen Anlage mit dem dreischiffigen Chor geht bis ins 9. Jahrhundert zurück. Um 1060 wurde es erhöht; aus dieser Zeit stammen die schmalen Fenster im Obergaden sowie der Turm.

Zu den Sehenswürdigkeiten dieses ehrwürdigen Baus gehören neben einem dreikantigen, aus Stein gemeißelten Sakramentshäuschen mit einer Darstellung Christi als Schmerzensmann, auch bedeutende Reste eines gotischen Gestühls aus der Zeit um 1500. Der Marienaltar dürfte um 1520 unter dem Einfluss Nürnberger Meister entstanden sein. Bei einer Renovierung im Jahre 1953 wurden Wandmalereien aus dem 13./14 bzw. 15. Jahrhundert freigelegt: Christus als Schmerzensmann, die Verkündigung Mariens und im Chor das Jüngste Gericht.

Pappenheim

Die Kleinstadt mit etwa 4.200 Einwohnern liegt im Altmühltal, 6 km südöstlich von Treuchtlingen. Ein Parkplatz liegt an der Deisinger Straße bei der Katholischen Kirche am Rand des historischen Stadtkerns. Hier, aber auch beim Neuen Schloss am anderen Ende der Altstadt, führt ein Fußweg auf die Burg. Öffnungszeiten von Burg und Botanischem Garten:

1. April–30. April u. 1. Okt.–1. Nov. täglich von 10.30–16.30 Uhr

1. Mai–30. Sept.: täglich von 10.00–17.00 Uhr

Die Stadtkirche und die Galluskirche sind tagsüber geöffnet.

Die beiden Schlösser sind bewohnt und können nicht besichtigt werden.

Die vom Friedhof umgebene St. Galluskirche liegt jenseits der Altmühl: Beim Neuen Schloss über die Brücke, danach rechts in die Alexander Beck-Straße und nach 50 m links in den Dechantshof.

10 | Der „Karlsgraben" bei Treuchtlingen

„Als er [König Karl der Große] überzeugt worden war von Leuten, die sich für zuständig hielten, man könne bequem von der Donau in den Rhein gelangen, wenn man zwischen Rednitz und Altmühl einen schiffbaren Graben zöge, … begab er sich sogleich mit seinem ganzen Gefolge an Ort und Stelle, warb eine große Zahl von Arbeitern an und verblieb den ganzen Herbst bei diesem Unternehmen. So wurde dann der Graben zwischen den genannten Flüssen in einer Länge von 2.000 Schrittspannen [gut 3 km] und einer Breite von 300 Fuß [etwa 100 m] gezogen. Doch vergebens: Wegen anhaltender Regengüsse und der von Natur aus sumpfigen und feuchten Bodenbeschaffenheit konnte das, was geschaffen wurde, keinen Bestand haben. Was die Werksleute tagsüber an Erde aushoben, das fiel des Nachts wieder zusammen, indem das Erdreich an seinen Platz zurückrutschte. Dieweil er sich mit diesem Werk befasste, erreichten ihn zwei üble Botschaften, einmal von einem völligen Abfall der Sachsen, zum anderen von einem Überfall der Sarazenen … Durch diese Nachricht bewogen, kehrte er nach Franken zurück …".

So lautet, aus dem Lateinischen übersetzt, der Bericht der Lorscher Annalen vom Versuch Karls des Großen, im Herbst des Jahres 793 die beiden Flusssysteme von Rhein und Donau zu verbinden. Da es damals nur die wenigen Altstraßen der Kelten bzw. Römer gab, waren die Flüsse wichtige Verkehrswege, auch wenn sie nur mit kleinen Kähnen befahren werden konnten. Der Bau des Karlsgrabens war also ein Projekt von herausragender Bedeutung.

Dafür wählten die Planer des Königs die für die damaligen verkehrstechnischen Größenordnungen günstigste Stelle. Beim Dorf Graben nördlich von Treuchtlingen kommen sich die beiden Flusssysteme von Donau und Rhein so nahe wie nirgendwo sonst. Nur 2 km sind es hier von der Schwäbischen Rezat – sie fließt dem Main zu – zur Altmühl, die in die Donau mündet, und lediglich 12 m beträgt der Höhenunterschied zwischen dem Wasserspiegel der Altmühl und der niedrigsten Stelle der „Europäischen Talwasserscheide".

Noch heute beeindrucken die Reste des „Kanals" am nördlichen Dorfrand: Links und rechts des bis zu 5 m tief mit Wasser gefüllten „Karlsgrabens" türmen sich 1.300 m lange, teilweise über 6 m hohe Wälle auf, die sich nach etwa 500 m nur ganz allmählich im Gelände verlieren, aber bis zuletzt eine Sohlenbreite von 30 m erkennen lassen.

Der „Karlsgraben" bei Treuchtlingen

Außer den Jahrbüchern des Klosters Lorsch berichten auch spätere Quellen von Karls Kanalbau. Doch je weiter sie sich zeitlich vom Ereignis entfernen, desto mehr sind sie mit Details ausgeschmückt und werden deshalb heute von den Forschern sehr kritisch beurteilt. So bleiben viele Fragen um die „Fossa Carolina" ungeklärt oder umstritten: Sollte der Höhenunterschied in einem einzigen Durchstich, also ohne Stufen, überwunden werden oder in einer Weiherkette, bei der die Kähne auf Rutschen jeweils auf die nächste Höhe gezogen wurden? Führten wirklich ausgiebige Regenfälle zum Abbruch des Unternehmens oder waren es nur die – heute nachgewiesenen – ungünstigen geologischen Verhältnisse? Wie wurden die Tausende von Bauarbeitern versorgt? Warum fand man bisher keinerlei Spuren von Werkzeugen, Nahrungsmitteln und Versorgungswegen, warum keine Überreste von den sicher zahlreichen Toten, die der Kanalbau forderte? Wurde der Kanal tatsächlich auch befahren und wenn, wie lange? Wurde schon vor Karl daran gebaut und stellte ihn dieser nur fertig? Ist er gar ein Werk der Römer, die damit die Obere Schambach zur Wasserversorgung in ihre große und „wasserhungrige" Stadt Weißenburg umleiteten? Mit all diesen Fragen beschäftigt sich eine sehr sehenswerte Dauerausstellung im Dorf Graben, deren Besuch die Besichtigung der Fossa Carolina sinnvoll ergänzt.

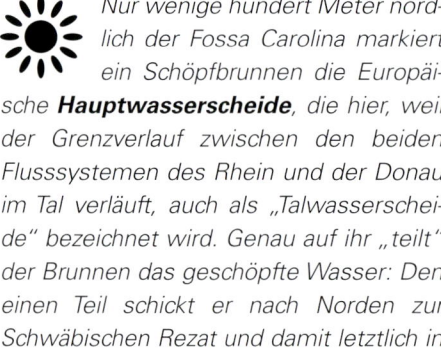 *Nur wenige hundert Meter nördlich der Fossa Carolina markiert ein Schöpfbrunnen die Europäische* **Hauptwasserscheide***, die hier, weil der Grenzverlauf zwischen den beiden Flusssystemen des Rhein und der Donau im Tal verläuft, auch als „Talwasserscheide" bezeichnet wird. Genau auf ihr „teilt" der Brunnen das geschöpfte Wasser: Den einen Teil schickt er nach Norden zur Schwäbischen Rezat und damit letztlich in*

Schöpfbrunnen auf der Europäischen Hauptwasserscheide in der Nähe des Karlsgrabens

die Nordsee, den anderen nach Süden zur Altmühl und damit zum Schwarzen Meer. Man gelangt dorthin, wenn man auf dem rechten Wall des Karlsgrabens bis zu dessen Ende und dann noch ein Stück die Bahnlinie entlanggeht. Dieser Spaziergang (einfache Strecke knapp 1 km) vermittelt auch einen Eindruck von der Mächtigkeit der Wälle und der Länge des Grabens.
Die **Karlsgrabenausstellung** *in der Hüttinger-Scheune in der Nähe des Karlsgrabens informiert über alle Aspekte des Kanalbaus Karls des Großen und präsentiert auch die neuesten Forschungsergebnisse, die diesen als imponierende Leistung von Ingenieuren und Organisatoren erkennen lassen.*

Der „Karlsgraben" bei Treuchtlingen

Der nach dem Karlsgraben benannte Ort Graben ist ein Ortsteil von Treuchtlingen im Altmühltal und liegt etwa 5 km nördlich der Stadt. Parkmöglichkeit am Beginn der Fossa Carolina am nördlichen Ortsrand.

Die Karlsgrabenausstellung in Sichtweite des Karlsgrabens mit Multimedia-Präsentation ist von Ende April bis Mitte Okt. täglich außer Di von 14.00–17.00 Uhr geöffnet.

11 | Russischer Friedhof und Wülzburg in Weißenburg

Drei weiße orthodoxe Kreuze markieren neben dem ehemaligen „Fallhaus" den Eingang zum „Russischen Friedhof" im Süden von Weißenburg. Drei halbkreisförmige Grabreihen mit ca. 40 kleinen, schlichten Holzkreuzen und Namenstäfelchen erinnern an die Toten, die hier ihre letzte Ruhe fanden: Insassen eines Internierungslagers auf der nahen Wülzburg. Nach dem Überfall auf die Sowjetunion 1941 wurden dort bis 1945 zivile sowjetische Staatsbürger inhaftiert, die in Deutschland vom Kriegsausbruch überrascht wurden. Wer die menschenunwürdigen Haftbedingungen nicht überlebte, wurde hier, im ehemaligen städtischen „Fallgarten" bestattet. Durch mehrere Jahrhunderte hatte man auf diesem weitläufigen Gelände verendete Tiere verscharrt. Jetzt war es gut genug für die „Entsorgung" der Toten von der Wülzburg.

Lang blieb diese Stätte nach dem Krieg mehr oder weniger vergessen und verwilderte. Der angekündigte Besuch von ehemaligen Internierten veranlasste 1989 die Stadt Weißenburg, sie zu einer würdigen Anlage umzugestalten. 1995 wurde eine eindrucksvolle dreieckige Gedenkstele des Eichstätter Bildhauers Günter Lang aus Jurastein aufgestellt, angeregt vom damaligen katholischen Pfarrer und finanziert mithilfe einer großzügigen Spende der Katholischen Kirchengemeinde. Glasarbeiten, die in die drei Seiten der Säule eingefügt sind – Davidstern, Kreuz mit Fisch und Halbmond – symbolisieren die

Das Eingangstor zur Wülzburg oberhalb Weißenburg

drei Weltreligionen Judentum, Christentum und Islam, denen die hier Bestatteten angehörten. Ein stählerner Ring umschließt die Säule und verweist auf das, was sie verband: „Ich glaube an den einen Gott, den Schöpfer des Himmels und der Erde" lautet die Inschrift im Ring.

Einen eigenen Gedenkstein hat die Stadt Weißenburg hier 1994 dem auf der Wülzburg internierten, 1894 geborenen Prager Komponisten und Klaviervirtuosen Erwin Schulhoff errichtet, der sowjetischer Staatsbürger war. Er starb 1942 auf der Festung an Typhus und ist im Fallgarten begraben.

Es liegt also durchaus nahe, den Besuch des Friedhofs mit einer Besichtigung der Wülzburg zu verbinden. Schon seit dem 11. Jahrhundert befand sich auf der mit 630 m höchsten Bergkuppe der südlichen Frankenalb ein Benediktinerkloster. In der Reformationszeit wurde es in ein Kollegiatsstift umgewandelt und bald darauf aufgelöst. Ab 1588 baute Markgraf Georg Friedrich von Brandenburg-Ansbach zur militärischen Sicherung seines Territoriums gegen die in unmittelbarer Nachbarschaft liegenden Herrschaftsgebiete der Freien Reichsstadt Weißenburg, des Bistums Eichstätt, des Deutschen Ordens in Ellingen und der Herrschaft Pappenheim die fünfeckige Festungsanlage mit den Bastionen Jungfrau, Krebs, Rossmühle, Kaltes Eck und Hauptwache. Ihnen ist an der Außenseite ein 7,5 m tiefer und 23 m breiter Trockengraben vorgelagert. Durch die Anlage als Pentagon ergaben sich gegenüber den älteren quadratischen oder rechteckigen Anlagen ballistische und konstruktive Vorteile.

Besonders wichtig war für eine Festung von einem solchen Ausmaß eine sichere Wasserversorgung. Deshalb wurde vermutlich bereits bei ihrer Anlage der Brunnen im Westflügel gebaut. Mit einer Tiefe von 133 m gehört er zu den tiefsten

Wülzburg – Schlossbau

Denkmal zur Erinnerung an das
Flüchlingsgefangenenlager auf der Wülzburg

Russischen Friedhof

Parken am Seeweiher in Weißenburg.

Zu Fuß vom Parkplatz auf der Straße An
der Hagenau an den Schulen vorbei stadtauswärts zum Römerbrunnenweg und
schräg gegenüber in die Straße Am
Volkammersbach. Sie geht an ihrem Ende
in einen Rad-/Fußweg über, der die B 2
unterquert. Auf der anderen Seite kurz
links und auf einer bald beginnenden Al-
lee bis zum Wegweiser „Russischer Friedhof". Mit ihm rechts aufwärts. Gehzeit
etwa 20 Minuten.

Mit dem Auto auf der Eichstätter Straße in
Richtung Eichstätt, rechts in die Straße An
den Sommerkellern bis zum Wegweiser
„Russischer Friedhof". Von dort je nach
Parkmöglichkeit 10–15 Minuten zu Fuß.

Wülzburg

Zu Fuß vom Seeweiher bis zur Unterfüh-
rung durch die B2, (siehe Weg oben), diese aber nicht unterqueren, sondern an ihr
entlang bis zur und über die Eichstätter
Straße. Auf der anderen Seite rechts über
die Fußgängerbrücke neben der Einmündung der B13 in die B2 und auf dem Würzburger Weg (Wegweiser) aufwärts zur
Festung. Etwa 45 Minuten.

Mit dem Auto von Weißenburg auf der
B13 stadtauswärts in Richtung Eichstätt,
kurz nach der Stadt links in Richtung
Burgsalach und nach gut 1 km erneut
links auf das Sträßchen zur Wülzburg.
Durch das Dorf zur Burg. Dort Parkplatz.

Der Hof der Wülzburg ist tagsüber frei
zugänglich. Führungen von Mai bis Okt.
Sa 13.00–17.00 Uhr, So und Feiertag
11.00–17.00 Uhr. Pfingst- und Sommerferi-
en zusätzlich Mo bis Fr 13.00–17.00 Uhr.

Empfehlenswert ist der Rundweg um die
Anlage (1 km).

von Hand gegrabenen Festungsbrunnen
Europas – für die damalige Zeit ein Wunderwerk. König Ludwig I. von Bayern ließ
zusätzlich im Innenhof eine riesige Zister-
ne graben, die nach ihm benannte „Lud-
wigzisterne". Das Regenwasser sammelte
sich auf ihrer Abdeckung, einer großen
Plattform, wurde aber auch von den großen Dachflächen des Schlossbaues einge-
leitet. Vier runde mit schmiedeeisernen
Hauben besetze Zieh- oder Schöpfbrunnen und vier Pumpbrunnen, deren Was-
serspeier mit Löwenmasken verziert waren, dienten der Wasserentnahme.

1806 wurde die Wülzburg bayerisch
und 1882 an die Stadt Weißenburg verkauft. Nun diente sie zeitweilig als Kriegs-
gefangenen- und Flüchtlingslager. Der be-
rühmteste Häftling in der Wülzburg war
1918 der spätere französische Präsident
Charles de Gaulle. Heute beherbergt der
Schlossbau eine Internatsschule für soziale Frauenberufe.

12 | Steinerne Rinne bei Rohrbach

Eine geologische Besonderheit im Fränkischen Jura ist die „Steinernen Rinne" beim Dorf Rohrbach. Der Satz „steter Tropfen höhlt den Stein" zeugt von einer Jahrtausende alten menschlichen Erfahrung: In der Regel arbeitet sich das Wasser in den Untergrund ein und gräbt sich so selbst sein Flussbett. Hier aber verhält es sich umgekehrt: Eine in den Weißjura eingelagerte Tonschicht staut das auf der Hochfläche versickernde Wasser auf, das ja normalerweise im sonst sehr durchlässigen Juragestein infolge der Risse im Gestein schnell in den Untergrund wandert und hier im Jura teilweise sogar unterirdische Seen bildet. Wo nun diese Wasser stauende Tonschicht vom Albabhang angeschnitten wird, entsteht ein Quellhorizont mit zum Teil ergiebigen Quellen. Tritt nun dieses Wasser, das sich im kalklöslichen Juragestein mit Kalk „aufgeladen" hat, an der Quelle an die Oberfläche, wird dieser Kalk ausgefällt und es bildet sich aus dem Sauerstoff der Luft und dem kohlensauren Kalk des Wassers Kalktuff.

Dieser überzieht auch Moose und Ästchen, die mit ihm in Berührung kommen. Und so baut sich das kalkreiche Wasser im Laufe von vielen Jahren selbst einen steinernen Damm, auf dem es in einer Steinrinne abwärts schießt. Die vielfach gewundene Steinerne Rinne beginnt also kurz nach dem Austritt aus dem Weißjura und wächst in ihrem weiteren Verlauf immer höher. Moose und Flechten, die vom Kalk eingeschlossen werden und so „versteinern", helfen dabei kräftig mit. Bis zu 1,50 m und höher konnte so der 100 m lange Damm werden. Unter günstigen Bedingungen kann er jährlich einen Zentimeter wachsen.

Freilich ist vom Menschen Behutsamkeit gefordert. Die steinerne Rinne steht verständlicherweise unter strengem Naturschutz. Um sie vor Zerstörung zu bewahren, kann der Besucher auf einem Bohlensteg unmittelbar neben der Rinne bis zur Quelle gehen. Es ist deshalb unvernünftig und auch strengstens verboten, den Steg zu verlassen und den unmittelbaren Bereich des Dammes zu betreten.

 Bei klarer Luft bietet sich von der oberen Hangkante der Fränkischen Alb immer wieder eine überwältigende Sicht nach Norden: vom Hesselberg über den Heidecker Schlossberg bis zu den Neumarkter Zeugenbergen, über das Albvorland mit dem Brombachsee und den ausgedehnten Wäldern und zahlreichen Siedlungen bis nach Nürnberg. Eine Tafel am Aussichtspunkt östlich von Kaltenbuch, der sich auch als Rastplatz anbietet, gibt Orientierung.
*Hier sind aber auch beste Voraussetzungen für eine seltene botanische Besonderheit, die weit und breit bekannt ist und zahlreiche Besucher anzieht: der **„Märzenbecherwald",** ein Waldstück im unteren Bereich des Steilabfalls der Alb ins Mittelfränkische Becken. Hier tritt Ende Februar, Anfang März der Märzenbecher, einer der ersten Vorboten des Frühlings, flächendeckend auf und verwandelt den vom Herbstlaub braunen Waldboden in einen blühen-*

Die Steinerne Rinne bei Rohrbach. Hier hat sich das Wasser selbst den bis zu 1,50 m hohen und 100 m langen Damm gebaut, in dem es zu Tal rinnt.

Tausende von gelbweißen Blütenkelchen der Frühlingsknotenblume leuchten im zeitigen Frühjahr im „Märzenbecherwald" bei Ettenstatt aus dem braunen Laub des Waldbodens

den weißen Teppich. Die Botaniker nennen diese Blume wissenschaftlich-sachlich „Frühlingsknotenblume". Der Volksmund hat ihr wegen ihrer Blüte aus sechs weißen, an der Spitze gelb gefärbten Kronblättern den Namen „Märzenbecher" gegeben. Und mancherorts freut man sich so sehr über sein Erblühen, dass man ihn gar „Sommertürchen" nennt.

Hier am Nordabhang der Fränkischen Alb findet die Frühlingsknotenblume optimale Standortbedingungen, in erster Linie genügend Feuchtigkeit. Denn hier treten auf dem anstehenden Opalinuston auf breiter Front Quellen zutage. Ihr Wasser ergießt sich an zahlreichen Stellen über die tonigen Böden und verwandelt sie in Feuchtgebiete. So auch im „Moorholz" bei Ettenstatt östlich der Stadt Ellingen.

Zweites Lebenselement ist für den Märzenbecher, wie für jeden Frühblüher, das Licht, und auch dafür hat die Natur hier vorgesorgt. Der naturnahe Laubwald aus Esche, Berg-, Spitzahorn und Schwarzerle hier am Albtrauf lässt im Frühjahr das Sonnenlicht bis auf den Waldboden zu den keimenden Frühlingsblühern durch. So können sie noch vor dem Austrieb des Laubs ihre Blüten entfalten.

Eine weitere eindrucksvolle **Steinerne Rinne** liegt bei Wolfsbronn nahe der Straße Treuchtlingen – Gunzenhausen. Von ihr in den Ort Meinheim einbiegen und nahe der Kirche dem Wegweiser „Steinerne Rinne" der Straße nach Heidenheim folgen. An Wolfsbronn vorbei bis zu einer großen Rechtskurve, an der die Straße stärker zu steigen beginnt. Hier am Waldrand Parkplätze und nur wenige Schritte zur Rinne.

Steinerne Rinne bei Rohrbach

Die Steinerne Rinne bei Rohrbach liegt etwa 6 km nordöstlich von Weißenburg. Anfahrt über Ellingen bzw. Weiboldhausen nach Höttingen, dort am Ortsende rechts nach Rohrbach. Im Ort rechts halten und am Ortsende links (kleiner Wegweiser) zur Steinernen Rinne am Waldrand südlich des Ortes. Hier Parkmöglichkeit.

Märzenbecherwald

Zum Besuch des Märzenbecherwaldes nach Rohrbach zurück und weiter nach Ettenstatt (gut 3 km). Dort mit dem Wegweiser rechts zum Märzenbecherwald (etwa 1 km).

13 | Die Barockstadt Ellingen

Das riesige vierflügelige Barockschloss in Ellingen weist unmissverständlich darauf hin, dass hier einst ein bedeutender Landesherr regierte. Selbstbewusst ist der gewaltige Hauptflügel nach Süden gerichtet, gegen die protestantischen Nachbarn – die Freie Reichsstadt Weißenburg und die Wülzburg der Markgrafen von Ansbach. Skulpturen von Kriegsgöttern und Cäsaren, Türken in Ketten, Kanonen, Hieb- und Stichwaffen und Fahnen an den Fassaden und auf dem Dach bilden den „Zierrat", der das absolutistische Selbstverständnis und den weltlichen Machtanspruch des einstigen Schlossherren zum Ausdruck bringen soll: des Landkomturs der Ballei Franken des Deutschen Ordens.

Dieses Territorium entwickelte sich aus kleinen Anfängen. 1216 übertrug König Friedrich II. dem Deutschen Orden das um 1180 gegründete Spital in Ellingen. Nach und nach kaufte dieser auch den restlichen Ort und alle darauf noch bestehenden Rechte, und im 14. Jahrhundert wurde er Sitz des Landkomturs der Ballei, also des Verwaltungsbezirks Franken.

Die Reformation, Bauernkriege, der Konfessionswechsel umliegender Territorien und, damit verbunden, ein erheblicher Rechtsverlust in vielen Kirchen und nicht zuletzt auch der Verlust Ostpreußens führten dazu, dass die Finanzkraft des Ordens stark abnahm. Bauernunruhen, Ritteraufstände und Verwüstungen im zweiten Markgrafenkrieg 1552/53, in dem auch das Schloss niedergebrannt wurde, taten ein Übriges.

Nach den Zerstörungen des 30-jährigen Krieges baute der Orden die verwüsteten Gebiete systematisch wieder auf. Die finanzielle Grundlage dafür schufen – paradoxerweise – Einnahmen aus Kriegswirren. Getreideverkäufe in den Kriegen Ludwigs XIV. und „Lieferungen" von Soldaten im Spanischen Erbfolgekrieg an mehrere Kriegsparteien brachten einen kometenhaften Anstieg der Finanzkraft des Ordens.

Diese wurde bald auch nach außen sichtbar. Unter dem Landkomtur Carl Heinrich Freiherr von Hornstein (1717–1743) und seinen Nachfolgern kam Ellingens „Goldenes Jahrhundert". Er ließ das barocke Stadtbild entwerfen und den Haupttteil des heutigen Schlosses und viele der prächtigen Bauten in der Stadt errichten. Sie prägen bis heute ihr Gesicht und machen sie zu einer Perle des fränkischen Barocks. Der Schlosskomplex, die Orangerie im ehemaligen Hofgarten, das Pleinfelder Tor, die Heiligenbrucke, das Balleyhaus, die Trisolei (Rentamt), das Rathaus, Wohnhäuser der Beamten, Handwerker-, Bürger- und Ackerbürgerhäuser, mehrere Gasthäuser, das Elisabethspital mit der Spitalkirche, die Lateinschule und die Deutsche Schule, die Pfarrkirche St. Georg und die Mariahilfkapelle, die Synagoge – nicht weniger als 35 barocke Bauwerke liegen am „Barockrundweg Ellingen", der den Besucher zu den glanzvollen Bauwerken der Stadt führt.

Im Westflügel des Schlosses wurde das „Kulturzentrum Ostpreußen" mit Archiv, Bibliothek und Ausstellungsräumen eingerichtet. Zahlreiche Exponate wie Naturbernstein, Schmuck und Gebrauchsgegenstände aus Bernstein, historische Jagd-

Pfarrkirche St. Georg und Deutschordensschloss in Ellingen

waffen, Gemälde, Grafiken und Plastiken bedeutender Künstler sowie ein original ausgestattetes Königsberger Bürgerzimmer vermitteln hier anschaulich Kenntnisse zur Landeskunde und Kulturgeschichte Ostpreußens. Der Schlossrundgang führt über das Treppenhaus in den Festsaal, in die Intarsienkabinette, in die fürstlichen Räume mit Seiden- und Papiertapeten des frühen 19. Jahrhunderts und in die Schlosskirche und informiert in einem kleinen Deutschordensmuseum auch über den Orden. Von 1815–1939 war das Schloss Besitz und Wohnsitz des Feldmarschalls Carl Philipp von Wrede, seitdem gehört es dem Bayerischen Staat.

☀ *Wer Ellingen als Barockstadt erleben möchte, sollte sich Zeit nehmen für einen Spaziergang durch die Stadt oder den „Barockrundweg" gehen, der am Schloss beginnt.*

Zwei Routen sind möglich: eine kurze, „blaue," die durch den engeren Bereich rund um das Schloss mit dem Schlosspark führt, und eine „rote". Diese bezieht auch die Bauwerke in der Stadt mit ein. Ein kostenloser Flyer mit dem Verlauf der beiden Routen ist zu den Öffnungszeiten an der Schlosskasse und im Verkehrsamt, Schlossstraße 3, erhältlich.

Barockstadt Ellingen

Öffnungszeiten:
Das Schloss ist nur mit Führung zu besichtigen. Okt. bis März: 10.00–16.00 Uhr, April bis Sept.: 9.00–18.00 Uhr. Mo geschlossen. Führung jede volle Stunde. Schlosspark geöffnet.

14 | Burg und Ort Arnsberg

Ein zerklüftetes Felsmassiv, bekrönt von einer Burg, ragt 120 m steil empor, gleichsam als romantische Kulisse für das Dorf, das sich lang gestreckt an seinen Fuß duckt. Von der Altmühl steigen die Häuser terrassenförmig nach oben bis zum höchsten Punkt des Ortes, der Kirche St. Sebastian. Der Eindruck, den diese Ansicht im Bogen der Altmühl bei Arnsberg hinterlässt, bleibt sicher unvergesslich.

Der Ort hat eine lange Geschichte. Schon vor 1329 erhielt er die Marktrechte. Seine mittelalterliche Ortsbefestigung reichte einst bis zur Burg hinauf; aber nurmehr Reste davon sind erhalten, darunter das Kipfenberger Tor mit dem Haus des Torwartes. Die an den Felsen angelehnte Kirche war einst eine viel besuchte Wall-

fahrtsstätte. Als sich nach dem 30-jährigen Krieg in der Gegend pestartige Seuchen verbreiteten, riefen die Menschen den hl. Sebastian, den Pestpatron und ihren Kirchenpatron, um Hilfe an, und in den folgenden Jahrhunderten pilgerten viele Menschen aus der Umgebung hierher. Vom Vertrauen des Heiligen zeugen noch die schönen Votivkerzen, die hier aufbewahrt werden, die ältesten aus der Schreckenszeit der Pest.

Der Eichstätter Hofbaudirektor Moritz Pedetti errichtete die Kirche 1770 unter Einbeziehung der spätgotischen Turmuntergeschosse in ihrer heutigen Form. Ihre Schmuckstücke sind die beiden Seitenaltäre, vorzügliche Rokokoschöpfungen von 1726. Sie wurden 1811 aus der Kirche

Ort und Schloss Arnsberg im Altmühltal

Blick vom Schlossberg auf das Naturschutzgebiet „Arnsberger Leite"

des säkularisierten Klosters Notre Dame in Eichstätt gekauft, im dem sich heute das „Informationszentrum Naturpark Altmühltal" befindet. Das Gemälde des klassizistischen Hochaltars aus der Zeit um 1800, das den Kirchenpatron Sebastian darstellt, schuf kurz nach 1850 der Köschinger Maler Stegmiller.

Wechselvoll ist die Geschichte der Burg, welche sich einst beherrschend auf der Felsenwand erhob, die hinter dem Ort senkrecht aufsteigt. Erbaut wurde sie Mitte des 12. Jahrhunderts von den Edelfreien von Erlingshofen, die sich bald darauf nach Arnsberg und später nach ihrem neuen Sitz Heideck benannten. Nach mehrmaligem Besitzerwechsel kaufte 1473/75 Bischof Wilhelm von Reichenau Burg und Herrschaft von Herzog Albrecht IV. von Bayern. Da sie die Eichstätter Bischöfe als Jagd- und Sommerschloss schätzten, behoben sie Bauschäden, und bis 1662 war sie sogar Sitz einer eigenen Verwaltung. Als sich aber ihr Interesse auf andere Schlösser, zuletzt auf Schloss Hirschberg oberhalb von Beilngries, verlagerte, begann ihr Verfall. 1763 wurden die Steine des Bergfrieds und 1764 „alles Brauchbare" zum Ausbau des Schlosses

Hirschberg verwendet. Die Anlage verblieb aber bis 1803 in fürstbischöflichem Besitz. Durch wiederholte Mauer- und Felsabstürze und weitere Abbrüche wurde sie allmählich zur Ruine. Heute sind von der Hauptburg noch der Stumpf des Bergfrieds, der Graben und von der geräumigen Vorburg die Zwingmauer und das Tor erhalten. Das zweigeschossige Hauptgebäude von 1578 wurde 1972 als Hotel eingerichtet.

Ebenso beeindruckend wie der Blick hinauf zur Burg ist der von oben in die Tiefe auf die Häuser des Dorfes und auf das weite, von der Urdonau geschaffene Tal, dessen schnurgerade Feldwege und der hier eher kanalähnliche Fluss vom Eingriff des Menschen im 20. Jahrhundert zeugen: der Altmühlregulierung 1927–1930 und der Flurbereinigung in den siebziger Jahren. Auf dem Steilhang rechts der Burg erheben sich zum Greifen nah die bizarren Felsgebilde des Naturschutzgebietes der „Arnsberger Leite". Diese gehört nicht nur zu den landschaftlich schönsten Partien des Altmühltales, sondern ist auch botanisch von besonderer Bedeutung. Ihre Steppenheide bezeichnen Kenner als die interessanteste der ganzen Altmühlalb.

Mit seinen zum Teil äußerst selten vorkommenden Pflanzenarten, die hier in verschiedenen Pflanzengesellschaften wachsen, darunter sogar Arten, die sonst hauptsächlich im Südosten Europas oder südlich der Alpen verbreitet sind, ist dieses Naturschutzgebiet einer der artenreichsten Trockenrasenstandorte der südlichen Frankenalb.

Die Gungoldinger Wacholderheide am nördlichen Hang des Altmühltales oberhalb des Dorfes Gungolding ist mit ihren ca. 70 ha die größte in Bayern als Naturschutzgebiet ausgewiesene ihrer Art.
Entstanden ist sie durch menschlichen „Eingriff". Nach der Rodung des Waldes an den Hängen des Altmühltals im Mittelalter hat eine Jahrhunderte lange Beweidung mit Schafen und teilweise auch Ziegen die Trockenhänge des Altmühltals geschaffen. Kennzeichen der Wacholderheiden sind die zum Teil hoch aufragenden Säulen und Büsche des Wacholders. Aufgelockert werden sie durch Schlehen, Weißdorn und wilde Rosen. Auf den Trockenrasenflächen des felsigen, kalkreichen Bodens dazwischen konnte sich eine spezifische und artenreiche Trockenheidenflora entwickeln – mit Felsennelke, Spitzblättriger Miere, Kahlblättrigem Heideröschen, Frühlingsenzian, Gefranstem Enzian, Deutschem Enzian und manchen anderen die Trockenheit liebenden Pflanzen.
Auch die Tierwelt kann mit zahlreichen Besonderheiten aufwarten. Aufgrund zahlreicher unterschiedlicher, eng verzahnter Kleinlebensräume finden hier seltene und gefährdete Schmetterlingsarten wie Segelfalter oder Berghexe ebenso einen idealen Lebensraum wie viele Heuschreckenarten und andere Kleinlebewesen.
In der Nachkriegszeit wuchsen, bedingt durch den Rückgang der Schäferei, die offenen Rasenflächen immer mehr zu. Dies

führte zu einer starken Gefährdung der Arten, die diesen Lebensraum bewohnen. Inzwischen hat man den ökologischen Wert der Wacholderheiden wieder erkannt, sorgt für eine regelmäßige Beweidung durch die Hüteschäferei und entbuscht die Hänge dort, wo es nötig ist. Gewissermaßen ein „Nebenprodukt" ist das „Altmühltaler Lamm," das inzwischen als regionale Spezialität gilt.

Arnsberg

Arnsberg im Altmühltal ist ein Ortsteil des Marktes Kipfenberg und liegt etwa 5 km flussaufwärts. Parken am Sportgelände jenseits der Altmühl.

Zur Burg Arnsberg kann man mit dem PKW fahren. Dazu auf der Kreisstraße EI 11 in Richtung Attenzell/Schelldorf/Wettstetten und nach etwa 1 km links auf das Sträßchen zur Burg (Wegweiser). Dort Parkplätze.

Für Fußgänger führt von Arnsberg der markierte Weg Nr. 2 hinauf zur Burg. Dort kann man vor dem Eingang zum Burghof rechts auf einen Pfad abbiegen. Dieser führt (außerhalb der Burgmauer) durch den Burggraben zu einem Aussichtspunkt mit Tiefblick auf den Ort Arnsberg, das Altmühltal und die Arnsberger Leite.

Gungoldinger Wacholderheide

Sie liegt am nördlichen Talhang zwischen Arnsberg und Gungolding. Zu Fuß kann man sie auf dem gut markierten „Panoramaweg Naturpark Altmühltal" durchqueren, entweder von Arnsberg oder von Gungolding aus. Dort befindet sich oberhalb der weithin sichtbaren Kirche direkt am Panoramaweg ein Parkplatz. Gesamtlänge etwa 3 km.

15 | Der Limes auf dem Pfahlbuck und das Kastell Böhming

„Teufelsmauer" nannten unsere Vorfahren den Steinwall, der sich auf der Hochfläche der Fränkischen Alb schnurgerade durch Wälder und über Felder zieht. Unheimliche Sagen rankten sich darum, denn woher diese verfallene Mauer kam, welchem Zweck sie diente, wer sie erbaut hatte, konnte man sich früher nicht erklären. Und so konnte sie nur ein Werk des Teufels sein. Erst durch Forschungen seit dem 18. Jahrhundert erkannte man ihre wirkliche Bedeutung, und 2005 wurde der 550 km lange ehemalige Grenzwall des Römerreiches, der „Obergermanisch-Rätische Limes" sogar zum Weltkulturerbe erklärt.

Der rätische Teil dieser römischen Grenzanlage war 167 km lang. Er begann bei Lorch, zog sich in östlicher Richtung über die Schwäbische Alb, am nördlichen Rand des Rieses vorbei zur Fränkischen Alb und über diese bis Hienheim bei Weltenburg an der Donau. Ursprünglich bezeichnete das Wort Limes nur den Grenzweg, der ab 80 n. Chr. erbaut wurde, sich in einer Schneise durch die dichten Wälder zog und von hölzernen Wachtürmen aus kontrolliert wurde. Um 120 wurde dieser Weg mit einer durchgehenden Palisade aus Holzpfählen gesichert. Die alte Bezeichnung „Pfahl" für den Limes, „Pfahlhecke" für die Hecke auf dem Limeswall, der Ortsname „Pfahldorf", Flurnamen wie „Pfahlheg" und die Familiennamen „Pfaller" und „Pfahler" erinnern noch heute an diese Bauphase. Ab 150 wurden die Holz-

Rekonstruierte Palisade und hölzerner Wachturm am Limes in Kipfenberg

Die Kirche St. Johannes Evangelist in Böhming steht genau auf dem Gelände des ehemaligen Römerkastells

durch etwa 800 Steintürme ersetzt, ab etwa 200 schließlich die Palisade von einer 3 m hohen Mauer abgelöst, welche die etwa 10 m hohen Türme miteinander verband.

Bei Kipfenberg überquerte der Limes die Altmühl. Daran erinnert ein Gedenkstein. Und hier ist er im Wald auf den Jurahöhen links bzw. rechts des Flusses als verfallener Steinwall noch auf weite Strecken zu erkennen. So auf dem „Pfahlbuck" westlich des Marktes, wo man auch einen anschaulichen Eindruck von seinen Bauphasen gewinnt. So ist etwa deutlich ein parallel zum Limeswall verlaufender Graben auszumachen, der in den Fels gehauen wurde, um dem Palisadenzaun Halt zu geben. Ein Stück der Palisade und ein Holzturm wurden rekonstruiert. Auf seinem größten Teil zieht sich dann der teils verwachsene, teils sehr gut erkennbare Limeswall schnurgerade durch den Wald, und bald erkennt man auch den Schutthügel eines einstigen Wachtturms. Auf diesen Türmen bewachten abwechselnd zwei bis drei Soldaten die Grenze, die in Kastel-len im Hinterland wohnten. Sie verständigten sich von Turm zu Turm durch Rauchzeichen, Licht- oder akustische Signale. Trotz seiner Wehrhaftigkeit war aber der Limes eine durchlässige Grenze, an der germanische oder römische Händler mit ihren Waren passieren konnten, was einen regen Warenaustausch ermöglichte.

Das Lager, in dem die für diesen Limesabschnitt zuständigen römischen Soldaten untergebracht waren, war das unweit des Limes im Tal liegende Kastell Böhming. Ihnen oblag vor allem die Kontrolle der benachbarten Limesstrecke und des Altmühlübergangs bei Kipfenberg. 160 als Holzkastell errichtet, wurde es schon in den 170er Jahren im 1. oder 2. Markomannenkrieg niedergebrannt. Danach war es einige Jahre nicht militärisch besetzt, bis – laut einer wiederentdeckten Kastelltor-Inschrift – im Jahr 181 eine Abteilung der 3. Italischen Legion, die in Regensburg stationiert war, die steinerne Wehrmauer und danach eine Abteilung aus dem Kastell Pfünz die vier Tore und Ecktürme errichtete. Die Besatzung des Kastells be-

Der „erste Bajuware" im „Römer und Bajuwaren Museum Burg Kipfenberg"

stand aus einer berittenen Einheit von 150–250 Soldaten.

233 begann, bedingt durch wiederholte alemannische Überfälle, aber auch innere Machtkämpfe im Römischen Reich, der Niedergang des Limes. In den folgenden Jahrzehnten wurden die römischen Kastelle und Siedlungen geplündert, verwüstet und schließlich nach und nach aufgegeben – Böhming wahrscheinlich zwischen 240 und 260 n. Chr. – und die Römer zogen sich hinter die Donau zurück. Mancherorts diente der Limes Jahrhunderte lang als „Steinbruch", in dem man sich kostenlos bedienen konnte.

Eine Besonderheit von Böhming: Heute steht auf dem 0,73 ha großen Kastellareal genau an der Stelle des römischen Fahnenheiligtums die Kirche St. Johannes des Täufers. Die einstige rechteckige Umwehrung des Kastells mit einem Spitzgraben und der Mauer mit Toren und Ecktürmen ist im umliegenden Gelände noch als deutlicher Wall zu erkennen

In einem ehemaligen Wirtschaftsgebäude der Burg Kipfenberg, einem mit Legschiefer gedeckten Altmühl-Jura-Haus, befindet sich das Römer- und Germanenmuseum mit dem „Infopoint Limes". Mithilfe moderner Medien, Installationen und Rekonstruktionen, z. B. einer römischen Wachstube, informiert es anschaulich und erlebnisorientiert über die Römerzeit in der Provinz Rätien: den Aufbau und Fall des Limes und seinen Verlauf, die Kastelle, vor allem das Kastell Böhming und das Alltagsleben der römischen Soldaten am Limes. In Zusammenarbeit mit der Katholischen Universität Eichstätt-Ingolstadt wurde hier ein museumspädagogisches Konzept entwickelt, das die Geschichte der Römerzeit für alle Altersstufen anschaulich, spannend und lebendig aufbereitet.

Da in der Gegend um Kipfenberg aber auch zahlreiche Funde aus der Zeit der den Römern folgenden Germanen gemacht wurden, greift das Museum inhaltlich auch in die Jahrhunderte nach dem Abzug der Römer über.

Limes-Gedenkstein in Kipfenberg, aufgestellt im Jahr 1861 von König Max II. von Bayern. In Kipfenberg überquerte der Limes die Altmühl.

Der eigentliche Anlass für die Verwirklichung des Museums war 1990 ohnehin die Entdeckung des aufsehenerregenden Grabes eines germanischen Kriegers mit einer reichhaltigen Beigabenausstattung in Kemathen, einem Ortsteil von Kipfenberg. Dieser im 5. Jahrhundert bestattete Mann wird vom Museum als „erster Bajuware" bezeichnet. Sein rekonstruiertes Grab ist ein Highlight der Ausstellung.
Über die Ausstellungen hinaus gibt es museumspädagogische Sonderausstellungen, Museumsfeste und Vorträge.

Pfahlbuck und Kastell Böhming

Die Limesreste auf dem Pfahlbuck bei Kipfenberg sind nur zu Fuß erreichbar. Dazu mit der Markierung auf der Straße in Richtung Pfahldorf, nach der Altmühlbrücke in die 2. Straße (Sonnenleite) links und auf dem „Limesweg" oberhalb der Schule aufwärts zu den Limesresten. Vom Wachturm aus ist im Tal die Kirche auf dem Areal des ehemaligen Kastells Böhming zu sehen. Dorthin gelangt man mit der Markierung des Panoramaweges Altmühltal. Er führt noch ein Stück am Limeswall entlang und biegt dann links auf den sog. Römerweg ab, der ins Tal führt.

Das Kastellgelände von Böhming liegt nordwestlich außerhalb des Ortes. Dorthin von der Ortsmitte auf den Straßen Am Kirchfeld und Römerstraße.

Mit dem Auto zum Kastell: Von Kipfenberg auf der Eichstätter Straße nach Böhming, dort rechts in die Römerstraße und weiter in die Kastellstraße.

Römer- und Bajuwaren-Museum auf der Burg Kipfenberg

Zu Fuß beim Limesgedenkstein in der nahe des Marktplatzes beim Gasthof Limes auf dem „Limesweg" aufwärts. Mit dem Auto auf der Haderstraße etwa 100 m in Richtung Denkendorf und beim Wegweiser (noch vor dem Ortsende) links aufwärts. Enge Straße! Alternative: Mit dem Auto nach Gelbelsee und dort mit dem Wegweiser durch den Wald zur Burg.

Öffnungszeiten: April, Mai, Sept. und Okt. tägl. 10.00–16.00 Uhr.

1.Juni bis 31.Aug. tägl. 10.00–18.00 Uhr

Nov. bis März: Sa, So und an Feiertagen 10.00–16.00 Uhr und nach Vereinbarung unter Tel. 08465-905707

16 | Die vorzeitliche Befestigung auf dem Schellenberg

„Schellenberg" heißt der nach Norden vorspringende Bergsporn der sich an seinem Ende unerwartet zu einem stattlichen, fast kreisrunden Plateau ausweitet und dadurch den beiden Flüssen Anlauter und Altmühl noch ein Stück weit den Zusammenfluss verwehrt. Jedem, der auf der Autobahn daran vorbeifährt, fällt er wohl unwillkürlich auf, ganz gleich ob er von Süden oder von Norden kommt. Die neue ICE-Trasse von München nach Nürnberg unterquert ihn in einem Tunnel. Auf drei Seiten fallen seine Hänge mehr als 100 m steil ab, nur im Süden geht er, zu-

erst leicht abfallend, dann wieder ansteigend in die Albhochfläche über. Mit dem Namen „Schellenburg" wird die vorzeitliche Wohn- und Wehranlage bezeichnet, die sich auf diesem Berg einst befand

Ganz sicher wegen seiner beherrschenden und aufgrund der geologischen Verhältnisse relativ sicheren Lage gründete hier um 900 v. Chr., also gegen Ende der Urnenfelderzeit (1300–800 v. Chr.), eine Gruppe von Menschen, vielleicht sogar eine bereits bestehende Dorfgemeinschaft, eine befestigte Wohnsiedlung. Von hier oben hatten sie einen guten Einblick

Der Schellenberg bei Kinding zwischen den Tälern der Anlauter und Altmühl, idealer Platz für eine vorzeitliche Befestigung

in die Täler von Altmühl, Anlauter und Schwarzach und konnten damit den Fernhandel bestens kontrollieren und sichern.

Von der südlich anschließenden Hochfläche, der am leichtesten zugänglichen Stelle, war das „Dorf" auf dem Plateau durch zwei mächtige, rund 150 m lange, wehrhafte Mauern abgeriegelt. Sie waren 4 m hoch, seitlich mit einer Brustwehr aus Holz versehen und zusätzlich durch Wehrgräben gesichert. Ihre eingestürzten Wälle beeindrucken noch heute. Sogar am Rand des abfallenden Bergplateaus war die Siedlung von einer niedrigen Ringmauer umgeben. Sie diente der Verteidigung, sollte aber ebenso die Bewohner und ihr Vieh vor dem Absturz in die Tiefe bewahren. Vor allem aber entstand durch diese Mauer schon von weitem der Eindruck einer starken Festung, obwohl es sich ja nicht um eine wirkliche Burg handelte.

Bisher verdankte man die Kenntnisse über die „Schellenburg", wie die Vorzeitsiedlung auch genannt wurde, dem Gutsbesitzer Friedrich Winkelmann, der sie um 1900 entdeckte. Durch die neuesten Ausgrabungen des Archäologen Markus Schußmann im Jahr 2007 hat sich das Wissen darüber ausgeweitet. Anders als Winkelmann mit seinen begrenzten Möglichkeiten feststellen konnte, existierte die Siedlung auf dem Schellenberg nicht nur während der relativ kurzen Phase der späten Bronzezeit. Die Fülle ausgegrabener Tonscherben beweist vielmehr, dass der Berg über einen langen Zeitraum lückenlos von relativ „elitären" Bewohnern besiedelt war, am stärksten um 1300 und zwischen 1000 und 800 v. Chr. Die ältesten Tontöpfe stammen aber bereits aus der Zeit um 5000 v. Chr., also der beginnenden Jungsteinzeit und deuten auf eine kleine Ansiedlung von Bauern hin. Nach 800 v. Chr. brach die Siedlungskontinuität ab und die Anlage verfiel.

1994 wurde auf dem Schellenberg ein archäologischer Lehrpfad eröffnet. Die anschaulichen Tafeln informieren über den Charakter und die Funktion der befestigten Siedlung, über die Befestigungstechnik, über Hausbau, Handwerk und Handel, Ernährung, Kleidung, Schmuck und Bewaffnung sowie über die Religion und das Bestattungswesen der hier in der Urnenfelderzeit lebenden Menschen.

Nicht zuletzt ist eine Wanderung auf den Schellenberg von Enkering aus durch den Blick auf die Ortschaft und ins Anlauter- und Schwarzachtal sowie durch den Kontrast zwischen der üppigen Flora in den Tälern und den kargen Trockenrasen auf dem Berg auch ein Landschafts- und Naturerlebnis – wie geschaffen für den gestressten Autofahrer, eine Pause einzulegen, sich in kürzester Zeit zu regenerieren und neue Energie zu tanken.

Schellenberg

Der Berg liegt direkt an der Ausfahrt Altmühltal der A9 München–Nürnberg. Nahe der Ausfahrt zweigt im Dorf Enkering bei der Kirche ein Feld- bzw. Wanderweg mit der Markierung „Vorzeitfestung Schellenberg" ab. Nach dem Anstieg bis zum Sattel geht es auf Wegspuren oder weglos auf dem Trockenrasen links aufwärts zum Plateau. Dorthin sind es von Enkering aus 1,4 km, der Höhenunterschied beträgt gut 100 m. Der fast ebene Rundweg mit dem Lehrpfad am Rand des Plateaus hat eine Länge von etwa 1,5 km.

17 | Die Rumburg oberhalb Enkering

Warum üben mittelalterliche Burgruinen auf uns moderne Menschen eine solche Anziehungskraft aus? Ist es ihr romantisches Aussehen, ist es ihre Lage an schwer zugänglichen Stellen, die ihre Erkundung oft ein wenig abenteuerlich macht? Ist es das Sagen- und Märchenhafte, das sie umgibt? Ist es das ganz andere, von unserem so verschiedene Leben der Menschen, die sie einst bewohnten?

Eine dieser Ruinen, die Rumburg auf der steilen Bergzunge zwischen dem Tal der Schwarzach und der Anlauter, war ein idealer Ort für die Kontrolle der Verkehrswege. Bereits 1361 ist die Burg urkundlich erwähnt. Wahrscheinlich hatten ihre Besitzer, die Herren von Absberg, zwischen 1350 und 1360 die heute noch erhaltenen

Burgmauern als Mittelpunkt einer kleinen Ritterschaft erbaut. Die Stammburg dieses edelfreien Geschlechtes lag in Absberg am heutigen Brombachsee. 1374 verlieh ihnen Kaiser Karl IV. das Privileg, das „dorf Rumburg" zur Stadt zu machen, das heißt, sie zu befestigen, einen Wochenmarkt abzuhalten und einen Galgen aufzurichten. Doch sie nahmen die ersten beiden Rechte nie in Anspruch, und der (wohl notwendige) Galgen wurde kurz vor 1800 beseitigt.

Nach einem wechselvollen Jahrhundert, in dem sie auch einige große Persönlichkeiten hervorbrachten, verarmten die Absberger zu Rumburg und betätigten sich als Raubritter. 1520 wurde der endgültige Niedergang eingeläutet. Im Juni

Ruine Rumburg oberhalb Enkering

Ruine Rumburg, Westmauer des Wohnbaus

Die verbliebenen Ruinen aber zeigen noch heute, dass die Rumburg einst eine stattliche Wehranlage war. Die im Grundriss annähernd trapezförmige Hauptburg nutzte den natürlichen Vorsprung einer Bergzunge im Nordwesten des Dorfes. Bergseitig schützte sie ein ungewöhnlich breiter und tiefer Halsgraben, der die vorgelagerte geräumige Vorburg mit mehreren Wirtschaftsgebäuden von der Hauptburg trennte.

Hinter dem Wallgraben ragte schildmauerartig die 17 m hohe Ringmauer empor. Der Wohnbau lag im Norden über dem Tal. In der Westmauer haben sich einige zugehörige Fensteröffnungen erhalten, im Norden und Osten fehlen größere Mauerabschnitte ebenso wie die Wand zum Burghof. Das Burgtor lag an der Südostecke, der noch die Terrasse eines Vorwerkes vorgelagert ist. Ein erhaltenes Nebentor liegt schräg gegenüber auf der Westseite.

Die Rumburg hatte keinen Bergfried, sondern war eine „Mantelmauerburg". Die Aufgabe des Bergfrieds mussten ihre ungewöhnlich hohen Ringmauern übernehmen, die zugleich die Außenmauern des Hauptgebäudes waren.

dieses Jahres beteiligte sich der damalige Besitzer, Erasmus von Absberg, an einem Überfall seines Verwandten, des berüchtigten und grausamen Raubritters Hans Thomas von Absberg, auf den Grafen Joachim von Oettingen. Dieser kam dabei ums Leben. Damit brachte Erasmus den Schwäbischen Bund gegen sich auf, dessen Truppen 1521 postwendend die Rumburg besetzten und sie bis 1528 besetzt hielten.

Um 1530 wurde die Burg von einem Jäger aus Versehen in Brand gesteckt, 1546 verkauften sie die Erben des Erasmus an den Eichstätter Bischof Moritz von Hutten. Dieser Verkauf löste allerdings langwierige Besitzstreitigkeiten aus, da die Stammlinie der Absberger die Rumburg für sich beanspruchte. Erst 1563 endete dieser Prozess zugunsten des Hochstifts Eichstätt. Die Burg jedoch war dem allmählichen Verfall preisgegeben und wurde nicht mehr aufgebaut.

Rumburg

Die Burg liegt oberhalb des Ortes Enkering (A 9, Ausfahrt Altmühltal). Da an der Burg keine Parkmöglichkeit besteht, muss man zu Fuß aufsteigen.

Anfahrt: Etwa 200 m nach der Autobahn- und/bzw. Bahnunterführung rechts in Richtung Berletzhausen, nach weiteren 200 m links (Wegweiser Enkering) zum Parkplatz am (neuen) Friedhof. Dort beginnt der markierte Fußweg zur Rumburg (Wanderweg Nr. 18 und 19) steil aufwärts zur Burg.

18 | Der Torfelsen und die Burgställe von Unteremmendorf

Nicht selten findet man auf topographischen Karten die Bezeichnung „Burgstall". Im heutigen Sprachgebrauch meint sie eine „Burgstelle", also eine Stelle, an der vor langer Zeit eine Burg stand, von der aber keine oder nur mehr ganz geringe Überreste erhalten sind. Nicht selten liegen Burgställe an landschaftlich markanten Stellen, z. B. auf Bergkuppen oder Felsnasen mit einer weiten Aussicht auf die Umgebung.

So bei Unteremmendorf, einem Ortsteil der Gemeinde Kinding im Altmühltal. Hier erhoben sich auf drei von der Urdonau ausgewaschenen, etwas vorspringenden, steil ins Tal abfallenden Felsnasen, dem Torfelsen, dem Saufelsen und dem Hubertusfelsen, drei Burgen, die freilich von unserer landläufigen Vorstellung von einer Burg ziemlich weit entfernt sind: Sie bestanden aus nicht viel mehr als einem von einer Mauer umgebenen turmartigen

Der Torfelsen oberhalb Unteremmendorf

Gebäude, das durch einen in den Felsen gehauenen Halb- oder Viertelkreisgraben gegen das Hinterland der Albhochfläche abgesichert war. Sie hatten jedoch eine große strategische Bedeutung, da von hier aus das gesamte Altmühltal von Kinding bis Beilngries einsehbar war. Dass diese drei fast vergessenen Burgställe heute wieder viel besucht werden, ist dem Burgenkundler Helmut Rischert zu verdanken, der die Burgen auf dem Gebiet der Gemeinde Kinding erforscht hat.

Die älteste und heute eindrucksvollste der drei Burgen lag auf dem Torfelsen. Seinen Namen hat dieser von dem durch die Erosionskraft der Urdonau und einen Felssturz entstandenen „Felsentor". Die schmale natürliche Brücke diente als verhältnismäßig gut zu sichernder Zugang zur Burg. In diese waren auch zwei natürliche Höhlen einbezogen: Die größere, vielleicht das eigentliche „Burganwesen", führte 25 m tief in eine Felsbank. Sie ist auch heute noch begehbar. Am Eingang der zweiten, nur 15 m tiefen Höhle, die westlich des Tordurchgangs liegt, sind sogar noch Mauerreste auszumachen.

Der zweite der Unteremmendorfer Burgställe liegt 200 m weiter östlich auf dem Saufelsen. Sein kleines Felsplateau ist nahezu quadratisch. An seiner Ostfront sind noch Fundamentreste des Berings zu erkennen.

Rund 1.000 m westlich vom Felsentor liegt der Hubertusfelsen, der auf seinem kleinen Plateau die jüngste der drei Burgen trug. Standort des Burgturms war wohl seine südliche, höhere Hälfte.

Besitzer der drei Burgen waren die Herren von Emmendorf, ein Ministerialengeschlecht mit drei Linien, das 1119 erstmals erwähnt ist und verschiedene Ämter wie das eines Bischöflichen Kämmerers, Vogts oder Pflegers innehatte. Schon 1506 war ihr Geschlecht erloschen. Außer den drei Burgställen erinnert an sie auch die Kirche St. Nikolaus in Unteremmendorf mit ihrem hohen, weil zweigeschossigen Langhaus. Diese Bauweise weist auf ihre Funktion als Teil des Herrschaftssitzes der Emmendorfer hin. Das 2 m hohe, für den Besucher nicht zugängliche Obergeschoss diente früher als Getreidespeicher, später zur Lagerung von Hopfen. Das Innere des einst romanischen, im 12. Jahrhundert entstandenen Gotteshauses zieren spätgotische Figuren: den Hochaltar St. Nikolaus (um 1460), flankiert vom hl. Sebastian und einem Bischof, den rechten Seitenaltar die Apostel Thomas, Andreas und Petrus, den linken eine Madonna (alle um 1500) sowie die hl. Katharina und Barbara (1600). Das Sakramentshaus stammt aus der Renaissance.

Unteremmendorf - Torfelsen

Unteremmendorf liegt etwa 8 km östlich von Kinding am Rand des Altmühltals. Zum Torfelsen (auch „Felsentor") führt am oberen Ortsende ein steiler Steig hinauf. Der Saufelsen liegt in Aufstiegsrichtung 200 m links, der Hubertusfelsen 1.000 m rechts vom Torfelsen.

Alternative: Mit dem Auto auf der Straße in Richtung Irlahüll. Wo der (markierte) Panoramaweg Altmühltal die Straße quert, kann man auf diesem links zum Felsentor und weiter zum Saufelsen gehen (etwa 600 m).

19 | Die Kirche St. Vitus in Kottingwörth

Die Pfarrkirche St. Vitus in Kottingwörth zieht Kunstliebhaber aus nah und fern an. Ihre große und für die Altmühlregion seltene Sehenswürdigkeit sind frühgotische Fresken von hohem kunsthistorischem Wert. Noch in der Tradition der Romanik wurde in der 1. Hälfte des 14. Jahrhunderts die heutige „Vituskapelle" im Ostturm ausgemalt. 1891 wurden diese Malereien, die unter einer späteren Übermalung der Spätgotik und frühen Renaissance verborgen waren, wiederentdeckt, 1895 wurden sie restauriert. Dabei wurden die in Fresko- und Seccotechnik gemalten Bilder im Sinn der damaligen Denkmalpflege behandelt: Fehlstellen wurden großzügig retuschiert und Konturen und Binnenzeichnung verstärkt, was zu einem einheitlichen Gesamteindruck führte.

Die heutige Seitenkapelle der Pfarrkirche ist von einem Kreuzrippengewölbe überspannt. Auf den Seitenwänden sind auf einem umlaufenden Streifen in der unteren Gemäldezone unter rundbogigen Arkaden die zwölf Apostel dargestellt, ergänzt durch zwei weibliche Heilige mit Salbgefäßen und die hl. Margaretha mit dem Drachen. Die Bogenfelder an der Stirnseite widmen sich dem Martyrium des Kirchenpatrons St. Vitus. Er wird dem Kaiser Diokletian vorgeführt; mit seinen Pflegeeltern Modestus und Kreszentia an Pfählen aufgehängt und in den glühenden Ofen geworfen, während ein Engel schützend die Hand über ihn hält. Die Nordseite beherrscht das Jüngste Gericht: Der Erzengel Michael hält die Seelenwaage mit zwei Schalen. Teufel versuchen die eine, die sie mit Steinen beschwert haben, abwärts zu ziehen. In der anderen sitzt, hilfesuchend die Hände erhoben, eine „arme Seele" und Maria ist gerade dabei, zu ihren Gunsten ein Gewicht dazuzulegen, das die guten Werke versinnbildlicht. Stellvertretend für das ganze Menschengeschlecht, das einmal Rechenschaft über sein Erdenleben ablegen muss, kommen von links die Stammeltern Adam und Eva. Rechts ziehen Teufel Verdammte in den Rachen der Hölle, unter ihnen auch einen Bischof und einen Mönch. Die Malereien im Bogenfeld der Südseite zeigen den hl. Georg zu Pferd und einen anderen Reiterheiligen. Im Gewölbedreieck über dem östlichen Chorfenster thront Christus als Pantokrator, umgeben von den Symbolen der vier Evangelisten. Das vierte Dreieck nehmen die Diakone Stephanus und Laurentius ein. Besonders drastisch sind die Martyrien im Triumphbogen: Einem Bischof werden die Zähne eingeschlagen und dem hl. Erasmus mit einer Winde die Därme herausgezogen.

In der Nordwand der Vituskapelle befindet sich eine Sakramentsnische (um 1520) mit dem Wappen des Bischofs Gabriel von Eyb (1496–1535) von dem Eichstätter Renaissancebildhauer Loy Hering.

Die Kottingwörther Kirche hat eine ungewöhnliche Baugeschichte. Zuerst stand hier eine kleine Kirche aus dem 12. Jahrhundert. Sie hatte – eine Seltenheit – zwei hintereinander stehende Türme von etwa

Fresken in Kottingwörth. Einem hl. Bischof (Leodegar?) werden die Zähne eingeschlagen, dem hl. Erasmus mit einer Winde die Därme aus dem Leib gezogen

Kirche von Kottingwörth

1240 bzw. 1310. Ihren Chor bildete die heutige Taufkapelle mit den Malereien. 1760 begann Giovanni Domenico Barbieri, der aus Graubünden stammende Lieblingsschüler von Gabrieli, mit einem weitgehenden Neubau. Er richtete diesen auf Grund der baulichen Gegebenheiten, die er vorfand, nach Norden aus, was damals ungewöhnlich war, und gab der Kirche das heutige Aussehen. 1763 wurde sie eingeweiht. In den Neubau wurden auch die beiden Türme der kleinen mittelalterlichen Vorgängerkirche einbezogen, erhielten Hauben und flankieren heute die so entstandene Eingangsfront.

Die Kirche ist qualitätvoll im Stil des Rokoko ausgestattet. Das farbenprächtige Deckengemälde mit Szenen aus dem Leben des hl. Vitus und die gleichzeitig entstandenen Altäre verleihen dem durch große Fenster hell erleuchteten Innenraum einen heiteren Charakter – ein Gegensatz zu der ernsten Atmosphäre der Vituskapelle. Aus der Vorgängerkirche wurden auch einige ältere spätgotische Kunstwerke übernommen: die geschnitzte Madonna (um 1500) auf dem linken Seitenaltar, ein Sandsteinrelief mit der Anbetung der hl. Drei Könige an der linken Langhauswand und ein gotischer Taufstein.

Der einst befestigte Friedhof mit dem Torturm aus dem 16. Jahrhundert diente der Bevölkerung in unruhigen Zeiten als Zufluchtsstätte.

Kottingwörth

Kottingwörth im Altmühltal ist ein Ortsteil der Stadt Beilngries. Das Dorf liegt etwa 4 km davon entfernt altmühlabwärts.

Die Kirche ist tagsüber geöffnet.

20 | Greding

Annähernd dreieckförmig, von einer Stadtmauer mit Wehrtürmen umgeben, lehnt sich die an Sehenswürdigkeiten reiche Altstadt von Greding an den Berghang – ein Stadtbild, das sicher manchen verlockt, seine Reise auf der nahen Autobahn zu unterbrechen für einen mit Sicherheit lohnenden Besuch dieses Kleinods. Denn diese Stadt kann sich wirklich sehen lassen.

Ihr Zentrum ist der spätmittelalterliche Marktplatz, früher wie heute Mittelpunkt eines lebhaften städtischen Lebens. Fast fünf Jahrhunderte regierten hier die Eichstätter Fürstbischöfe als Stadtherren. Von ihren Barockbaumeistern ließen sie Greding als einen ihrer Amts-, Gerichts- und Verwaltungssitze standesgemäß repräsentativ ausstatten und schickten dazu ihre besten Baumeister hierher „auf das Land". Diese errichteten die barocken Bauten, die sich bis heute um den Gredinger Marktplatz gruppieren: das „Jagdschloss" als Verwaltungssitz und Sommerresidenz, das „Jägerhaus" als Forsthaus, das Rathaus, die Jakobuskirche. Aber auch die zahlreichen stattlichen Bürgerhäuser, die den Platz und die breite Hauptstraße flankieren, bestätigen den bekannten Spruch: „Unterm Krummstab ist gut leben."

Die Gredinger Stadtmauer mit ihren zahlreichen Wehrtürmen geht im Kern auf die Zeit um 1400 zurück. Unter den Fürstbischöfen Wilhelm von Reichenau (1464–1496) und Gabriel von Eyb (1496–1535) wurde sie durch den Bau von Vorbefesti-

Stadtmauer und Martinskirche

Martinskirche Greding, südliches Seitenschiff

gungen an den Toren sowie von weiteren Wehrtürmen verstärkt. Die 1.250 m lange Mauer mit den drei Stadttoren und 20 Türmen ist bis heute weitestgehend erhalten.

Den am höchsten gelegenen spitzen Winkel der dreieckigen Stadtanlage nimmt die vom Friedhof umgebene Martinskirche ein. Diese exponierte Lage symbolisiert auch ihre Bedeutung, denn sie ist „Spitze" in doppeltem Sinn des Wortes: Sowohl geographisch, als auch in kultureller und künstlerischer Hinsicht nimmt sie als bedeutsamstes Bauwerk der Stadt den höchsten Rang ein. Erbaut im 12. Jahrhundert zählt sie mit ihren drei Schiffen, welche jeweils von einer Apsis abgeschlossen werden, zu den größeren romanischen Kirchen in Bayern. Fresken aus drei verschiedenen Jahrhunderten zierten ursprünglich ihre Wände. Teile davon wurden freigelegt und restauriert, unter anderem ein Fresko des Kirchenpatrons aus

dem 15. Jahrhundert an der Nordwand: St. Martin, auf einem Schimmel reitend, hat mit dem Schwert seinen Mantel geteilt und reicht ihn einem Bettler. Aus der Erbauungszeit der Kirche stammt die Bemalung der Hauptapsis: Christus, umgeben von den Symbolen der vier Evangelisten, thront auf einem Regenbogen. In der Linken hält er die Weltkugel, die Rechte hat er segnend erhoben. Die kunsthistorisch bedeutsamsten Teile des Hochaltars entstanden schon um 1480: das Kruzifix, die weinende Maria Magdalena zu den Füßen des Herrn und ein Relief der Beweinung Christi in der Predella.

Neben der Martinskirche liegt die vor allem kulturgeschichtlich bedeutsame Michaelskapelle. In einem Karner in ihrem Unterschoss werden die Gebeine von etwa 2500 Verstorbenen aufbewahrt. „Was ihr jetzt seid, das waren wir. Was wir jetzt sind – werdet ihr". Unmissverständlich und „an-schau-lich" im wahrsten Sinn des

Wortes weist dieser Satz im Gewölbe darauf hin, dass der Tod unausweichlich auf jeden wartet. Ursprünglich war dieser Karner ein Turm der Stadtmauer, der – wohl im 14. oder 15. Jahrhundert – zu seiner Bestimmung als Gebeinhaus umgebaut oder in der schon vorhandenen, an die Stadtmauer angebauten Friedhofskapelle eingerichtet wurde. Als einer der wenigen seiner Art, die heute in Bayern noch erhalten sind, wurde er unter großem finanziellem Aufwand und nach modernsten denkmalpflegerischen Gesichtspunkten saniert und restauriert.

Der Grund für die Einrichtung solcher Karner oder „Beinhäuser" war früher freilich zunächst eine praktische Notwendigkeit: Wenn auf dem Friedhof, der ja meist mitten im Ort um die Kirche lag und deshalb räumlich begrenzt war, beim Tod eines weiteren Familienangehörigen ein Grab erneut belegt werden musste, grub man die Überreste früher Verstorbener aus und bewahrte sie an einem gemeinsamen Ort auf, damit man seinen toten Angehörigen auch weiterhin nahe sein konnte, wenn man für sie betete.

| Greding |
| Ausfahrt 57 der A9 München-Nürnberg |

Der Karner im Untergeschoss der Michaelskapelle

21 | Sinterterrassen im Kaisinger Tal

Ganz nahe bei Greding liegen im Kaisinger Tal Sinterterrassen, ein Naturdenkmal von solcher Unberührtheit und Schönheit, wie es in der Fränkischen Alb selten zu finden ist: Im lichten Laubwald hüpft dort das klare Wasser eines Baches auf einer

Strecke von mehr als 100 m über bemooste Terrassen abwärts, von Stufe zu Stufe, in kleinen Becken kurz ausruhend, um sich dann gleich wieder auf den Weg zu machen, hinaus aus dem Wald, der Schwarzach zu und mit ihr in die Altmühl.

Der „Bauherr" dieser Sinterterrassen ist das kohlensäurehaltige Wasser selbst: Beim Weg durch das verkarstete Juragestein mit seinen zahlreichen Rissen, Spalten, Schlünden und Höhlen nimmt es Kalk auf. Sobald es ans Tageslicht tritt, entweicht das Kohlendioxid, und ein Teil des gelösten Kalks fällt aus. So bauen sich im Lauf vieler Jahre ganz allmählich Kalktuff-Terrassen auf.

Baumaterial sind auch kleine Moose, Algen, Nadeln, Blätter und Zweige, Schneckenhäuser und tote Insekten, die, vom Kalk umschlossen und gefestigt, mit versteinern. Auf ihre Länge von gut 100 m führt daran ein Gehweg entlang. Sie stehen aber unter strengem Naturschutz. Das Betreten des Baches oder gar der Terrassen und jeder Eingriff sind deshalb untersagt.

Sinterterrassen bei Greding

Zu den Sinterterrassen gelangt man auf der Straße Richtung Kaising–Beilngries. Kurz nach dem Ortsende von Greding führt ein Weg rechts abwärts. Von hier aus zu Fuß geradeaus weiter in das hier beginnende Kaisinger Tal, bald an einer rechts des Weges liegenden Wiese entlang. An ihrem Ende rechts zum und über den Bach und kurz danach links auf den Pfad, der im Wald die Sinterterrassen entlangführt.

22 | Die Burg auf dem Hofberg bei Obermässing

Heute schaut die Ruine friedlich hinab auf das Schwarzachtal und das Dorf Obermässing. Vor bald 500 Jahren, im Jahr 1525, ging es hier nicht so friedlich zu: An die 300 Bauern aus der ganzen Gegend rotteten sich zum „Mässinger Haufen" zusammen, zogen hier herauf zum Hofberg und nahmen die Burg ein. Die Kunde davon verbreitete sich, und bald waren hier über 5.000 mit ihrem Schicksal unzufriedene, von der Obrigkeit in ihren Rechten willkürlich eingeschränkte Bauern versammelt – aus dem Hochstift Eichstätt, dem ansbachisch-markgräflichen Land um Thalmässing, dem pfalz-neuburgischen Gebiet um Hilpoltstein und dem Fürstentum der Oberen Pfalz um Neumarkt. Mit ihrem Aufstand wollten sie ihre unerträgliche Situation verbessern. Als jedoch Pfalzgraf Friedrich mit vereinigten fürstlichen Truppen nahte, flüchteten sie. Der Aufstand wurde niedergeschlagen, die Rädelsführer hingerichtet oder hart bestraft.

Die Burg auf dem Hofberg geht zurück auf die Adelsfamilie der Mässinger. Sie erbauten sie als Dienstmannen der Bischöfe von Eichstätt und der Grafen von Hirschberg als weithin sichtbares Zeichen ihrer Herrschaft. Der Letzte des Geschlechts, der 1285 kinderlos starb, vererbte sie samt dem Dorf dem Deutschen Orden, der hier eine Komturei der Ballei Franken einrichtete. 1465 erwarb Fürstbischof Wilhelm von Reichenau, geboren im nahen Burggries-

Eckturm der Burgruine auf dem Hofberg bei Obermässing

Dorfzentrum von Obermässing mit Kirche Maria Himmelfahrt

bach, Dorf und Burg. Im Ort richtete er ein Pflegamt ein, auf der Burg seinen Sommersitz, auf dem er 1496 auch starb.

Im Zuge der Säkularisation fiel die Burg 1803 an das Kurfürstentum Bayern, das sie umgehend veräußerte. Am Hofberg entstanden sechs private landwirtschaftliche Anwesen. Teile der Burggebäude wurden abgerissen. Aber noch heute ist die ursprüngliche Anlage der mächtigen Burg zu erkennen. In der etwas höher gelegenen Vorburg befanden sich die Wirtschaftsgebäude. Die Hauptburg mit Palas, Burgkapelle und Bergfried war geschützt durch steile Hänge und einen Halsgraben, durch Mauer, Torbau und Zugbrücke. Wilhelm von Reichenau verbesserte den Schutz 1490 durch eine neue Ringmauer mit fünf Ecktürmen. Fürstbischof Marquard Schenk von Castell ließ 1670 die Hauptburg zu einem Wohnschloss umbauen.

Der aussichtsreiche Weg zur Burg führt vom Ort durch den einstigen vorgelagerten „Herrengarten", ein Wiesengelände mit Weihern und Wald, auf Stufen steil aufwärts. Dass es diesen Weg gibt und dass sich der Besuch der Burg wieder lohnt, ist der Initiative des Vereins für Kultur- und Heimatpflege Greding zu verdanken. Er erwirkte viele Spenden, bewog zahlreiche Bürger zur tatkräftigen Mithilfe und sanierte so die Westmauer mit zwei Rundtürmen.

Ab etwa 1680 war Obermässing auch die zweite Heimat des Graubündner Baumeisters Johann Baptist Camesino. Er hatte hierher geheiratet, besaß ein Wohnhaus und ansehnlichen Grundbesitz und baute in der Umgebung zahlreiche Kirchen oder gestaltete sie um. Er gab auch der sehenswerten Pfarrkirche Mariä Himmelfahrt, einer ehemaligen Wehrkirche, ihr

heutiges Aussehen. Als besonders gelungen gelten seine Kirchtürme, z. B. auch in Allersberg, Hilpoltstein und auf dem Eichelberg bei Beratzhausen.

Obermässing

Das Dorf ist ein Ortsteil der Stadt Greding und über die A9, Ausfahrt Greding (von Süden) oder Hilpoltstein (von Norden) zu erreichen. Parkmöglichkeit am Dorf- oder Kirchplatz. Hier beginnt der als „ Burgwanderweg Hofberg" (und mit 6) markierte Wanderweg. Er führt auf der Hofbergstraße aus dem Ort und dann auf einem historischen Pfad hinauf zur Burgruine und über Wald- und Wiesenwege zurück ins Dorf. Höhenunterschied etwa 100 m, Weglänge etwa 3 km.

23 | Die Wehrkirche St. Stephan in Mindorf

Als in der Zeit des allmählich ausgehenden Mittelalters Ansehen und Macht des deutschen Kaisertums immer mehr abnahmen, nutzten die regionalen Landesherren diese Gelegenheit rücksichtslos zur Ausbreitung und Sicherung ihres Machbereichs. Kriege wurden angezettelt, das Land des jeweiligen Gegners verwüstet, seine Dörfer gebrandschatzt, Getreide und Vieh geraubt. In dieser Not schufen sich die Bewohner der Dörfer auch in Franken durch die Befestigung ihrer Kirchen und des sie umgebenden Friedhofs eine Zufluchtsstätte, die ihnen wenigstens Leib und Leben schützte.

In Mindorf südlich von Hilpoltstein lässt der Turm der Kirche St. Stephan mit seinen massigen Mauern und wenigen kleinen Fensteröffnungen schon auf den ersten Blick erkennen, dass er Teil einer solchen Wehrkirche war. Auch die eisenbeschlagene Eingangstür, die von innen mit einem Balken zu verriegeln war, weist darauf hin, und früher ermöglichte bei Gefahr sogar ein unterirdischer Gang die Flucht.

Man sieht dem Turm an, dass er romanischen Ursprungs ist. Wohl schon im 14. Jahrhundert wurde er erbaut. 1487 erhielt er seinen originellen Mansarddach-Helm. 1594 wurde das Langhaus mit dem auffallend steilen Dach eingedeckt.

Betritt man den Kirchenraum, ist man überrascht von seinem urtümlichen Charakter. Diesen vermittelt in erster Linie die in Schabloniertechnik mit dezenten Farben bemalte spätgotische Bretterdecke, die ebenfalls im Jahr 1487 entstand. Akanthusranken, Sterne, Blumenmotive und kleine Messingrosetten schmücken ihre rechteckig und diagonal unterteilten Felder und die tragenden Balken. Ihre Farben sind noch original; bei der Renovierung 1985 wurden sie lediglich konserviert. Der Längsunterzug der Decke wird von einem Mittelpfosten getragen, in den ein Opferstock eingebaut ist – eine ganz besondere Kostbarkeit. Den Gesamteindruck verstärken die aus starken Bohlen gezimmerten und mit geschnitzten Schuppenstäben verzierten Kirchenbänke im Langhaus und einige einfache, fast derbe, aber schöne Bänke auf der Empore.

Auch die übrige Ausstattung trägt dazu bei, dass man die Mindorfer Kirche mit Fug und Recht als ein bedeutendes Beispiel ländlicher Kunst bezeichnen kann. Ihr Hochaltar aus dem späten Rokoko und die barocken Seitenaltäre stehen in dezentem Kontrast zur Ausstattung des Langhauses. Der viersäulige Hochaltar wurde von dem „Schreinerkünstler" Johann Adam Bittner aus dem nahen Dorf Lohen geschaffen. Dessen selbstbewusste „Firma" stellte nicht nur Gebrauchsmöbel her, sondern traute es sich auch zu, Altarschreine und Tabernakel zu fertigen und sogar die zugehörigen Figuren zu schnitzen.

Die Altaraufbauten bilden einen passenden Rahmen für barocke, aber auch spätgotische Schnitzwerke. Von besonderer Qualität ist das Holzrelief der Anbetung der Könige auf dem rechten Seitenaltar. Künstlerisch am bedeutendsten jedoch sind die Fresken aus dem 14. Jh. in der

St. Stephan, Mindorf. Blick in das Kirchenschiff mit bemalter Holzdecke, Längsunterzug und Mittelpfosten

Sakristei, dem früheren Chor der Kirche. Sie zeigen im Gewölbe die Symbole der vier Evangelisten und an drei Wänden Szenen aus dem Leben Jesu: an der Südwand die Geburt Jesu, den Besuch der Drei Könige an der Krippe und die Darstellung Jesu im Tempel, auf der Wand gegenüber die Geißelung, Kreuztragung und Kreuzigung, an der Ostwand die Verkündigung und Krönung Marias, sowie – über dem Fenster – die Auferstehung Christi.

Nur wenig weiter westlich liegt an der Straße von Mindorf nach Pyras eine fast kuriose „Sehenswürdigkeit" ganz anderer Art: die baulichen Reste der geplanten und begonnenen „Mindorf-Linie" des Main-Donau-Kanals. Weil im 20. Jahrhundert immer mehr Massengüter zu transportieren waren, wurde der Bau einer leistungsfähigen Kanalverbindung immer dringlicher, hatte sich doch bald herausgestellt, dass der 1845 fertiggestellte Ludwigskanal den Anforderungen in keiner Weise mehr genügte. Deshalb wurde 1921 die Rhein-Main-Donau-AG gegründet, mit dem Ziel, eine Main-Donau-Wasserstraße für Schiffe mit mehreren tausend Tonnen Tragfähigkeit zu bauen. Geplant wurde schon damals im Wesentlichen die 1992 fertiggestellte Trasse des heutigen Main-Donau-Kanals. Im Gebiet von Hilpoltstein aber wich sie davon ab; sie verlief einige Kilometer südlicher durch das Tal der Kleinen Roth über die Orte Eckersmühlen und Hofstetten und dann weiter über Pyras, Mindorf und Lay nach Sulzkirchen.

Nach dem Anschluss Österreichs an das Deutsche Reich erklärte Hitler im Mai 1938 diesen Kanalbau zur „Reichsaufgabe". So wurde 1939 die als „Mindorf-Linie" bezeichnete Kanaltrasse vermessen und mit roten Pfählen markiert. Dazu mussten die Bauern zwischen Hofstetten, Mindorf und Pyras ihren Wald auf 40 m Breite abholzen. In Hilpoltstein errichtete die Deutsche Reichsbahn einen dreigleisigen Materialbahnhof mit einem Ladekran und Anschluss für eine Feldbahn zu einem Materiallager bei Hofstetten und zu den Baustellen bei Pyras und Mindorf. Für eine

St. Stephan, Sakristei. Fresko der Auferstehung Christi

Katholische Kirche St. Stephan in Mindorf

neue Straße Pyras–Mindorf, die den Kanal überqueren sollte, wurden die Brückenpfeiler und ein Durchlass für den Minbach betoniert. In der Nähe von Mindorf wurden auf einer Fläche von 1 $\frac{1}{2}$ Hektar Versuche für eine starke Absenkung der Kanaltrasse durchgeführt, um Erfahrungen für die Abdichtung des Kanalbetts zu gewinnen. Heute befinden sich an dieser Stelle zwei Fischweiher.

Als der 2. Weltkrieg begann, wurden die meisten Bauarbeiter zur Wehrmacht eingezogen. An ihre Stelle traten polnische Kriegsgefangene und Zwangsarbeiter. 1942 wurden die Arbeiten ganz eingestellt, denn die Arbeiter wurden in der Nürnberger Industrie benötigt.

Nach dem Krieg wurde die Mindorf-Linie aufgegeben und die kürzere Trasse nordöstlich von Hilpoltstein gewählt. Die jetzt besseren technischen Möglichkeiten erlaubten es, das Kanalbett tiefer einzugraben und den Höhenunterschied statt durch fünf Schleusen, die für die Mindorf-Linie nötig waren, durch die zwei Schleu-

sen Eckersmühlen und Hilpoltstein zu überwinden. Die Durchlassröhre für den Minbach und zwei Brückenpfeiler aus verwitterndem Beton nördlich von Pyras sowie die beiden Fischteiche bei Mindorf aber zeugen noch heute unübersehbar von dieser interessanten Marginalie in der 1.200-jährigen Geschichte des Kanalbaus von Karl dem Großen bis in unsere Zeit.

Mindorf

Der Ort liegt etwa 4 km westlich der Ausfahrt Hilpoltstein die A9. Den Schlüssel zur Wehrkirche erhält man im Haus Nr. 7 rechts vom Friedhofseingang.

Mindorf-Linie bei Pyras

Die Reste dieses 1938 begonnenen Kanalbaus liegen etwa 2 km westlich von Mindorf. Kurz vor Pyras Infotafel an der Straße.

24 | Burg und Stadt Heideck

Manche Berge sind eine Herausforderung. Ihre Höhe, Form oder auch besondere Lage erwecken in vielen Menschen den Wunsch, sie irgendwann einmal zu besteigen. Eine solche Herausforderung ist wohl auch der Schlossberg bei Heideck mit der für ihn charakteristischen Form einer umgedrehten Schüssel. Mit einer Höhe von 610 m ist dieser der Fränkischen Alb vorgelagerte Zeugenberg weithin sichtbar, und umgekehrt hat man von ihm aus einen weiten Ausblick auf das fränkische und oberpfälzische Land im Norden und Osten und den Brombachsee im Westen.

Für die Burgenbauer des Mittelalters war diese Lage ein großer „Standortvorteil", denn von hier aus konnten sie die damals noch wenigen Verkehrswege zu ihren Füßen einsehen und kontrollieren. Dies war wohl auch der entscheidende Grund dafür, dass der edelfreie Ritter Marquard von Heideck schon um 1250 seinen Stammsitz im heutigen Altenheideck aufgab und hier in landschaftlich beherrschender Lage auf dem östlichen Teil des Schlossberges eine neue Burg errichtete. 1288 ist dann zu seinen Füßen die „civitas nova" genannt, die heutige Stadt Heideck.

Nach 1360, unter Kaiser Karl IV., waren Burg und Stadt eine beherrschende militärische Außenposition zur Sicherung der kaiserlichen Interessen in der Oberpfalz. Um diese Zeit waren die Herren von Heideck Besitzer zahlreicher Orte und Burgen, bis 1471 die fränkische Linie der Heidecker ausstarb und Burg und Stadt an Herzog Ludwig IX. von Bayern-Landshut fielen. Seit 1506 gehörte Heideck – mit einer Unterbrechung im 16. Jahrhundert,

als es zusammen mit Allersberg und Hilpoltstein an Nürnberg verpfändet war, – zum Fürstentum Pfalz-Neuburg und kam mit diesem 1777 zu Kurbayern.

Kurz vor dem Burgplateau erinnert heute am Weg nur noch eine Schrifttafel an einem wieder errichteten Mauerstück an die einstige Festung. Hinter der Hauptburg befand sich, durch einen noch sichtbaren Halsgraben getrennt, die Vorburg, die ihrerseits durch einen zweiten, tief eingeschnittenen und noch heute beeindruckenden Graben zur Bergseite hin gesichert war.

Die mittelalterliche Anlage der Stadt Heideck ist im Grundriss fast unverändert erhalten, wenn auch Mauer und Tortürme weitgehend abgetragen wurden. Etliche stattliche Bürgerhäuser, darunter sehr schöne Fachwerkbauten, zeugen von ihrer einstigen Bedeutung. Das heutige Rathaus, ein mächtiger Sandsteinbau mit Treppengiebeln und dreigeschossigem Dachboden, wurde 1481 als Getreidekasten erbaut. Bedeutendster Schatz der 1457 geweihten, ursprünglich spätgotischen, später mehrmals vergrößerten und veränderten Pfarrkirche Johannes der Täufer ist eine Madonna mit Kind (um 1520) an der rechten Wand des Kirchenschiffs. Sie wird dem Umkreis von Hans Leinberger zugeschrieben.

Das Kleinod Heidecks aber ist die Kirche Unserer Lieben Frau, die Frauenkapelle. Diese 1419 geweihte Kirche wurde von Friedrich II. von Heideck als Grablege für sein Geschlecht errichtet. Chor und Langhaus sind mit bedeutenden Fresken aus der Erbauungszeit ausgemalt: das Langhaus mit den Hl. Drei Königen, Christopho-

Alte Fachwerkäuser auf dem Marktplatz von Heideck

rus, dem Weltgericht, der Verkündigung an Maria und dem Ritterpatron Georg mit dem Drachen, im Chor thront Christus in der Mandorla. Für Geschichtsforscher interessant ist, dass im oberen Teil der rechten Wand des Kirchenschiffes neben den biblischen Szenen und Heiligen auch Burgen abgebildet sind, die damals im Besitz der Heidecker waren. Der neugotische Altarschrein birgt eine Mondsichelmadonna und die Figuren der hl. Barbara und Katharina (alle um 1500), die Altarrückseite zeigt Szenen aus dem Marienleben.

☀ ***Besuch des Heidecker Schlossberges.*** *Zum Ort Schlossberg auf dem gleichnamigen Berg kann man mit dem Auto fahren (Wegweiser). Parkplatz etwa 500 m nach dem Ortsende.*
Möglicher Rundgang: Vom Parkplatz zu Fuß zurück ins Dorf. Nur wenig von der Kirche entfernt führt ein Weg hinauf zur einstigen Burg. Von dort weite Aussicht nach Norden und Osten und vor allem auf die Stadt Heideck. Trittsichere Personen

können von hier aus durch den ersten und zweiten (sehr tiefen und steilen) Halsgraben gehen und, immer in westlicher Richtung, zu einem Sendeturm und zum Aussichtspavillon am Westende des Plateaus. Von dort führt die Markierung 3 zurück zum Parkplatz. Wer die Halsgräben nicht durchqueren möchte, sollte wieder auf dem Weg über das Dorf zum Parkplatz zurückgehen.
Die Filialkirche Hl. Geist in Schlossberg aus dem 16./17. Jahrhundert ist mit einem schönen Hochaltar und mehreren Figuren aus der Zeit der Spätgotik und mit Rokokofiguren ausgestattet. Besonders bemerkenswert ist eine um 1480 entstandene Marienkrönung

Heideck

Die Stadt liegt etwa 7 km südwestlich der Stadt Hilpoltstein bzw. 10 km südwestlich der Ausfahrt Hilpoltstein der A 9. Großer Parkplatz an der Stadthalle.

25 | Die Schleuse Eckersmühlen und der Rothsee

Für unsere Vorfahren war es unvorstellbar: Ein großes Schiff mit Hunderten von Menschen an Bord oder mit Gütern schwer beladen fährt direkt an ihrem Dorf vorbei. Aber die Verwirklichung eines groß angelegten Wasserbauprojekts hat dies innerhalb weniger Jahrzehnte möglich gemacht: der Bau des Main-Donau-Kanals und der Fränkischen Seen, des Altmühl-, Brombach- und Rothsees.

Beim kleinen Dorf Haimpfarrich bei Eckersmühlen südlich von Roth würden sie Antwort bekommen auf ihre Fragen, wie so etwas möglich wurde und dabei wohl aus dem Staunen nicht mehr herauskommen. Staunen über den einen 55 m breiten künstlichen Kanal, Staunen

über ein großes Bauwerk, das Schiffe samt ihren Gütern oder Passagieren über 25 m hochheben kann, Staunen über einen 210 ha großen See gleich daneben, der heute die von Wald bestandene Talsenke ausfüllt, die früher das Flüsschen „Kleine Roth" durchfloss.

Alle diese „Wunderwerke" sind Teil eines Jahrhundertprojektes. Bei aller Kritik am Kanalbau, der „größten Dummheit seit dem Turmbau zu Babel", wie der damalige Bundesverkehrsminister Volker Hauff Anfang der 80er Jahre meinte, wird manchmal übersehen, dass dieses Bauwerk zusammen mit den drei Seen auch ein großes Wasserbauprojekt war, das die Wassersituation in Nordbayern we-

Die Schleuse Eckersmühlen des Main-Donau-Kanals

sentlich verbesserte. Denn im Kanal wird über die von den wasserreichen Alpenflüssen gespeiste Donau mit Hilfe von fünf Staustufen Wasser von der Donau 68 m auf die Scheitelhaltung des Kanals hinaufgepumpt. Im künstlich aufgestauten Rothsee, der auch von der Kleinen Roth gespeist wird, wird es zwischengespeichert über die Kleine Roth nach Bedarf an Rednitz und Regnitz abgegeben.

Im Jahr ist es die gigantische Menge von 125 Millionen m^3, die auf diese Weise in das wasserarme Nordbayern übergeleitet wird, wo es vor allem im Großraum Nürnberg in der Landwirtschaft und Industrie dringend benötigt wird.

Die zweite Aufgabe der Schleusen ist natürlich die Hebung und Senkung der Schiffe. Wie die Mühlen und Hammerwerke vergangener Zeiten nutzen auch diese technischen Wunderwerke unserer Zeit die Kraft des Wassers. Mit einer Hubhöhe von rund 27 m gehört die Schleuse Eckersmühle zu den höchsten bisher in Deutschland gebauten Schleusen.

Wie alle 16 Schleusen zwischen Bamberg und Kelheim hat sie eine nutzbare Länge von 190 m und eine Breite von 12 m. So können z. B. zwei Gütermotorschiffe von 90 m Länge und 1.500 t Tragfähigkeit oder ein zweigliedriger Schubverband mit 185 m Länge und über 3.300 t Tragfähigkeit und selbst große Hotelschiffe geschleust werden. Eine Besucherplattform ermöglicht es, die Schleusung der Schiffe aus nächster Nähe zu beobachten – ein vor allem für Kinder, aber auch Erwachsene eindrucksvolles Erlebnis.

Um Wasser zu sparen, ist die 1985 fertiggestellte Schleuse Eckersmühlen wie 13 weitere an der 171 km langen Kanalstrecke zwischen Kelheim und Bamberg, die eine größere Hubhöhe haben, als „Sparschleuse" angelegt. Neben der Schleusenkammer liegen drei terrassenförmig angeordnete Becken, deren Was-

ser bei der Schleusung „zu Berg" in die Schleusenkammer fließt und damit das Schiff hebt und bei der Schleusung „zu Tal" zum großen Teil wieder zurückströmt. So wird der Wasserbedarf um rund 60 % verringert – eine sehr ökonomische, ökologische und schnelle Methode. Die Höhendifferenz von 25 m wird in nur 16 Minuten überwunden. Anschauliche Tafeln informieren über die Technik des Kanals und der Schleusen.

Den nur 200 m von der Schleuse entfernten Rothsee mit einer Uferlänge von insgesamt 11,9 km teilt ein Damm in zwei ungleiche Teile, die Vorsperre und die Hauptsperre. Durch diesen wird in der Vorsperre, dem oberen, kleineren Teil des Rothsees, der Wasserspiegel weitgehend konstant auf gleicher Höhe gehalten. Deshalb ist er ein beliebter Badesee. Der größere untere Teil des Sees, die Hauptsperre, wird mehr für Wassersportarten genutzt. Hier ist vor allem Segeln angesagt. Beim Seezentrum Heuberg oder auch ganz nahe bei der Schleuse befindet sich ein ausgedehnter Sand-Badestrand. Die verschieden gestalteten Uferzonen des Sees und sein hügeliges Umland bieten auch abwechslungsreiche Möglichkeiten der Freizeitgestaltung „an Land": Radeln auf dem Radrundweg und den Stichwegen, Wandern auf den markierten Wanderwegen in der Landschaft rund um den See, ein reichhaltiges kulturelles Angebot in den nahe gelegenen Orten, Einkehrmöglichkeiten in den Erholungseinrichtungen am See in Heuberg, Grashof und Birkach.

Aber auch Naturliebhaber kommen auf ihre Kosten: Im oberen Bereich der Vorsperre, wo der See allmählich verlandet, und an der nordwestlichen Bucht der Hauptsperre wurden Naturschutzzonen eingerichtet, die inzwischen von Tieren und Pflanzen sehr gut angenommen wurden und heute vielen einheimischen Tieren ein Überleben sichern.

Schmiedevorführung im Historischen Eisenhammer Eckersmühlen

Sogar an Menschen, die auf die Benutzung eines Rollstuhls angewiesen sind, wurde gedacht. Für sie wurde am Erholungszentrum Grashof eine Baderampe eingerichtet, die es auch ihnen ermöglicht, im See zu baden. Parkmöglichkeiten sind reichlich vorhanden. Neben 1.700 Parkplätzen für Besucher wurden auch etwa 40 Standplätze für Wohnmobile geschaffen. Ein Bootshafen beim Seezentrum Heuberg bietet 160 Anlegeplätze für Boote aller Art.

Nur einen Kilometer nördlich von Eckersmühlen liegt im Tal der Kleinen Roth ein historischer Eisenhammer, ein industriegeschichtliches Kleinod. Das Hammergebäude selbst ist heute samt ehemaligem Inventar ein Museum, aber ein Museum, das „lebt". Bei Schmiedevorführungen sprühen auch heute noch die Funken. Eindrucksvoll kann der Besucher dabei erleben, wie der schwere, vom Wasser der Kleinen Roth angehobene Schwanzhammer immer wieder auf ein Stück glühendes Eisen fällt, bis dieses unter den geschickten Händen des Hammerschmiedes zu einem Nagel oder Werkzeug geformt ist.

Der Antrieb dieses Eisenhammers erfolgt über den Fluss. Das Wasser des Baches hinter dem Hammergebäude dreht ein Mühlrad. Über eine „Welle" wird die Drehbewegung mit Hilfe größerer und kleinerer Räder und Treibriemen weitergeführt, umgelenkt und je nach Bedarf verlangsamt oder beschleunigt, an der „Daumenwelle" durch Zapfen im Rhythmus gestoppt und auf den Schwanzhammer geleitet, der dann im gewünschten Zeitabstand auf den Amboss niederdonnert.

Seit 1775 war der Eisenhammer im Besitz einer Familie Schäff, die es damit über Generationen zu großem Wohlstand brachte. Das stattliche „Herrenhaus" zeugt vom ausgeprägten Standesbewusstsein der „Hammerherren". Die Blütezeit endete, als die Massenherstellung in den Fabriken in Konkurrenz zur handwerklichen Fertigung trat.

Rothsee und Schleuse Eckersmühlen

Das Seezentrum Heuberg mit großem Parkplatz liegt an der Staatsstraße 2225 Allersberg – Hilpoltstein am Südende des Rothsees. Von dort sind es zu Fuß wenige Minuten zur Schleuse Eckersmühlen. Die Aussichtsplattform der Schleuse ist im Sommer tagsüber geöffnet.

Der Eisenhammer liegt etwa 1 km nördlich von Eckersmühlen an der Straße Eckersmühlen – Roth. Geöffnet von 1. bis 31. März Sa und So, 1. April bis 31. Okt. Mi bis So und an Feiertagen, jeweils von 13.00–17.00 Uhr und nach Vereinbarung. Tel. 09171/81329 Schmiedevorführungen gegen Gebühr.

Der mächtigste und historisch bedeutsamste der „Zeugenberge", die sich aus dem Neumarkter Becken erheben, ist das Sulzbürger Massiv mit seinen vier Kuppen Schloss-, Bad-, Galgen- und Schlüpfelberg. Ursprünglich lagen auf dem Schlossberg, an dessen Hang sich heute auf 570 m Höhe der Ort Sulzbürg erstreckt, die beiden mittelalterlichen Schlösser Ober- und Niedersulzbürg. Von hier aus lenkten die Herren und späteren Reichsgrafen von Wolfstein und Sulzbürg 500 Jahre lang die Geschicke ihres kleinen Territoriums. Sie taten dies mit Umsicht und Erfolg.

1561 nahmen sie das evangelisch-lutherische Bekenntnis an und die Bevölkerung folgte diesem Konfessionswechsel ohne Zwang. In der 2. Hälfte des 17. Jahrhunderts fanden hier nach und nach zahlreiche „Exulanten" Aufnahme, evangelische Glaubensflüchtlinge vor allem aus Oberösterreich. Auf den seit dem 30-jährigen Krieg verödeten Hofstellen durften sie sich eine neue Existenz aufbauen. In Erinnerung an die alte Heimat, das „Ländchen ob der Enns" nannten sie ihre neue Heimat das „Landl".

1740 erfolgte ein einschneidender Besitzer- und Regierungswechsel: Graf Christian Albrecht starb ohne männliche Erben. Gemäß einer früheren Vereinbarung zwischen dem Kaiser und Bayern fiel sein Ter-

Der israelitische Friedhof in Sulzbürg

Eingangstor zum israelitischen Friedhof

ritorium an das Kurfürstentum Bayern und war nun der erste evangelische Landesteil, der zu dem bis dahin geschlossen katholischen Bayern kam und evangelisch blieb. Im Landl nahm also die Evangelisch-Lutherische Landeskirche in Bayern ihren Anfang.

Verwaltet wurde das Gebiet jetzt natürlich von katholischen Pflegern des Kurfürsten. Weil ihre Zuwanderung begünstigt wurde, siedelten sich jetzt nach und nach immer mehr Katholiken an: Beamte mit ihren Familien und Bediensteten, aber auch Katholiken anderer Berufe. 1750 rief Kurfürst Max III. Josef sogar zwei Kapuziner als Hofgeistliche und „Missionare" nach Sulzbürg und ließ ihnen im ehemaligen Oberamtshaus ein Hospiz einrichten. Die evangelische Gemeinde widersetzte sich dem Versuch, ihr die erst 1723 neu erbaute Schlosskirche zu nehmen, vehement und erfolgreich. So ließ der Kurfürst 1756 neben dem evangelischen Gotteshaus die katholische Hof- und Klosterkirche errichten, seit der Säkularisation

Pfarrkirche „Zur Schmerzhaften Muttergottes".

Seitdem grüßen vom Schlossberg als dessen Wahrzeichen zwei Kirchen weit ins Land. Von den beiden Schlössern, die einst daneben lagen, ist jedoch heute nur mehr wenig vorhanden; sie müssen deshalb vom Interessierten erst gesucht und entdeckt werden: das Torwarthaus, Reste von Türmen und Mauern und die breiten Wehrgräben. Während Niedersulzbürg schon um 1600 aufgegeben wurde und verfiel, wurde das gewaltige Schloss Obersulzbürg, das weithin das Land beherrschte, bald nach 1800 zum Abbruch freigegeben.

Schon seit dem 15. Jahrhundert konnten sich in Sulzbürg als Folge der Judenpogrome immer wieder jüdische Familien ansiedeln. Um 1850 bildeten sie ein Drittel der Bevölkerung, und die beiden christlichen Konfessionen und die jüdische Bevölkerung lebten in Toleranz zusammen. Infolge mehrerer Auswanderungswellen nach Amerika und später des Wegzugs in die größeren deutschen Städte ging jedoch die Zahl der jüdischen Bewohner bald stark zurück. Im November 1938 waren nur noch 16 Juden in Sulzbürg. In der Reichspogromnacht wurden die etwa zwölf Thora-Rollen mit Beilen zerschlagen und das Synagogengebäude beschädigt. Die festgenommenen Juden, nur alte Männer, entließ die Polizei bald wieder; nur einer wurde ins KZ nach Dachau gebracht, weil er Widerstand leistete. 1942 wurden die letzten elf Sulzbürger Juden nach Theresienstadt bzw. in polnische Vernichtungslager abtransportiert. Heute künden nur noch der stimmungsvolle jüdische Friedhof, sicher einer der gepflegtesten und schönsten in Bayern, und das Gebäude der ehemaligen Synagoge von der jüdischen Bevölkerung.

Über die Geschichte Sulzbürgs informiert das „Landl-Museum" im alten Schul-

Die katholische Hof- und Klosterkirche (links) und die evangelische Schlosskirche (rechts) in Sulzbürg

haus am Marktplatz. Es zeigt das Landl in alten Bildern und Dokumenten und informiert unter anderem auch über alte Handwerksberufe.

Ein Rundgang zu den sehenswerten Objekten in Sulzbürg kann am Marktplatz beginnen. Von dort geht es auf dem Schlossweg aufwärts zu den beiden Kirchen und den Überresten der beiden Schlösser. Kurz vor der oberen (evangelischen) Kirche zweigt rechts der Pointweg ab. Auf ihm abwärts zur Einmündung in die Engelgasse kurz vor der Marktkirche. Hier links zum Israelitischen Friedhof. Der Schlüssel für den Friedhof ist im benachbarten Haus Nr. 15 erhältlich. Auf der Engelgasse zurück zum Marktplatz.

Lohnend ist ein Spaziergang auf den Badberg mit einem Kriegerdenkmal. Dorthin in etwa 20 Minuten auf der oberhalb des Marktplatzes beginnenden Badgasse. Oben öffnet sich ein schöner Blick auf den Schlossberg mit den beiden Kirchen und den am Hang liegenden Ort Sulzbürg, aber auch auf die umliegende Gegend. Eine Übersichtstafel am Marktplatz informiert über die Lage der Sulzbürger Sehenswürdigkeiten sowie über den Verlauf und die Gehzeiten weiterer markierter Rundwege.

Sulzbürg

Der hoch gelegene Ort ca. 15 km südlich von Neumarkt ist Ortsteil der Gemeinde Mühlhausen an der B 299. Von dort führt eine Straße nach Sulzbürg. Parken am Marktplatz.

Die Kirchen auf dem Schlossberg können in der Regel durch ein Gitter im rückwärtigen Eingangsbereich besichtigt werden.

Das Landlmuseum (Marktplatz Nr. 5) ist an den Sonn- und Feiertagen von Ostersonntag bis Ende Okt. von 14.00 bis 17.00 Uhr geöffnet. Gruppenführungen nach Anmeldung unter Tel. 09181/407300.

27 | Das ehemalige Zisterzienserinnen-kloster Seligenporten

Im März des Jahres 1098 verließ eine Gruppe von Mönchen unter der Führung ihres Abtes Robert ihr Kloster Molesme bei Troyes und machte sich auf den Weg in die Sümpfe von Citeaux in Burgund. Hier, in dieser unwirtlichen Gegend, wollten sie das verwirklichen, was ihnen in Molesme nicht gelungen war: zurückzukehren zu den Wurzeln des Mönchtums und getreu der Regel des hl. Benedikt in Abgeschiedenheit von der Welt und in Einfachheit ein Leben des Gebets und der Arbeit zu führen. Allein von ihrer Hände Arbeit wollten sie leben, im bewussten Gegensatz auch zu den Mönchen des Klosters Cluny mit seinen zahlreichen Ländereien, mit Prachtentfaltung und Reichtum und der damals größten, aufwändig ausgestatteten Kirche der Christenheit.

Am Ort „Cistercium" ließen sie sich nieder, um ein neues Kloster nach ihren Idealen zu gründen. Dies war die Geburtsstunde des Ordens der Zisterzienser, der bald nach diesem Ort benannt wurde. Ihre Lebensweise machte sehr bald Schule. Vor allem, als im Jahr 1112 der Adelige Bernhard mit 30 Gefährten dem Konvent beitrat, wuchs die Gemeinschaft rasch, Tochterklöster wurden gegründet und besonders durch das Wirken und persönliche Beispiel Bernhards, den die Mönche des Tochterklosters Clairvaux zu ihrem Abt gewählt hatten, begann der Orden sich sehr rasch in ganz Europa auszubrei-

Die Kirche des ehemaligen Zisterzienserinnenklosters Seligenporten

ten. Um 1300 war er mit etwa 700 Niederlassungen in allen wichtigen Ländern Europas vertreten, darunter die Klöster Ebrach, Fürstenfeld, Heilsbronn und Kaisheim im heutigen Bayern. Im Sinne ihrer Ideale schufen die Zisterzienser überall, wo sie sich niederließen, landwirtschaftliche Musterbetriebe, förderten Obst- und Weinbau, Pferde- und Fischzucht und trugen auch entscheidend zur Verbreitung der hochmittelalterlichen Kultur bei.

Noch ehe der Orden bereit war, auch Frauenklöster aufzunehmen, entstanden allein im deutschen Sprachraum zwischen 1200 und 1250 etwa 160 Frauenkonvente. Auch das Zisterzienserinnenkloster „Felix porta", Selige Pforte, Seligenporten im heutigen Landkreis Neumarkt, wurde in dieser Zeit „geboren". Zu seiner Gründung und zum Unterhalt schenkten um das Jahr 1242 Gottfried von Sulzbürg und seine Frau Adelheid von Hohenfels dem Kloster Baugrund sowie mehrere Höfe und Güter in benachbarten Dörfern. Bald konnte die Abtei, die sich unter königlichem Schutz rasch zum reinen Adelsstift entwickelte, durch weitere Schenkungen, Kauf und Tausch beachtlichen Besitz erwerben. Um 1500 unterstanden ihr rund 650 Zinspflichtige in 350 Anwesen und über 140 Orten im Umkreis.

In den folgenden Jahrzehnten blieb, vor allem infolge des Bauernkriegs und der Einführung der Reformation in den Nachbargebieten, der Nachwuchs immer mehr aus. 1556, bei der Protestantisierung der Oberpfalz, musste die Äbtissin Anna von Kuedorf die kurpfälzische Kirchenordnung annehmen, was das Ende des Klosters einläutete. 1565 übernahm ein kurfürstlicher Verwalter die Klosterherrschaft. Nach dem Tod Annas und ihrer

Oben: Ehemaliges Klostertor in Seligenporten

Unten: Auf der Nonnenempore der Kirche

letzten Mitschwester starb das Kloster 1576 aus. Nach der Rekatholisierung der nun bayerischen Oberpfalz 1626 gehörte die Hofmark Seligenporten von 1692 bis zur Säkularisation 1804 dem Schulorden der Salesianerinnen in Amberg. In der Folgezeit wurden die Klostergebäude verkauft und weitgehend abgebrochen. 1930–1967 schließlich lebte Seligenporten als Zisterzienser-Mönchsabtei noch einmal auf.

Die Klosterkirchen der Zisterzienser beeindrucken durch ihre schlichte Schönheit und Harmonie. Nicht zuletzt durch sie fand der gotische Baustil auch in Deutschland Verbreitung. Auch die fast 60 m lange, außen durch Strebepfeiler und Fenster klar gegliederte Klosterkirche Maria Himmelfahrt in Seligenporten weist Merkmale vieler gotischer Zisterzienserinnenkirchen auf: Sie ist einschiffig, die Nonnenempore ragt weit ins Langhaus hinein, darunter befindet sich die Grablege. Die Innenausstattung verzichtet weitgehend auf Malerei und Plastik. Einzigartig ist das gut erhaltene Chorgestühl auf der Empore aus

Oben: „Unterkirche" mit Bohlendecke

Links: Chorgestühl aus dem frühen 14. Jahrhundert auf der Nonnenempore

dem frühen 14. Jahrhundert an ursprünglicher Stelle. Die Unterkirche atmet in Verbindung mit der Bohlen-Balkendecke und dem originalen Fußboden eine mittelalterliche Atmosphäre, die den Besucher unwillkürlich in ihren Bann zieht. Die übrige Ausstattung stammt vorwiegend aus der Barockzeit. Von den alten Klostergebäuden sind der Ostflügel (heute Gasthaus), der Torturm und Reste der Ummauerung erhalten.

Ein einmaliger Blick bietet sich vom „Krähentisch", einer tischähnlichen Felsformation auf dem Wolfstein bei Neumarkt, auf die Stadt und das „Neumarkter Becken" mit den darin liegenden Bergen: Schlossberg, Dillberg mit Brentenberg, Tyrolsberg und Hoher Ant, Möninger Berg, Staufer Berg, Sulzbürg mit Galgenberg, Schlüpfelberg und Badberg, Buchberg und noch ein paar mehr. Als Inselberge sind sie der Fränkischen Alb vorgelagert und charakteristisches Landschaftsmerkmal. „Zeugenberge" nennt sie der Geologe auch, denn sie bezeugen, dass einst der Albtrauf etwa 10 km weiter westlich, etwa an der Linie Freystadt–Altdorf, verlief. Im Laufe des Quartärs, also vor gut einer Million Jahren, wurde die Albhochfläche durch Erosion abgetragen. Wo sich jedoch härteres Gestein den Kräften der Verwitterung widersetzte, blieben „Inselberge" stehen. Im Laufe der Zeit wurden sie zu Bergkegeln oder lang gezogenen Bergrücken geformt, die heute nur noch an wenigen Stellen die einstige Höhe der Hochfläche erreichen. In der Keltenzeit und im Mittelalter forderten diese frei liegenden Berge die Menschen nicht selten zum Bau von Befestigungswällen und Burganlagen heraus, wie die beiden Burgen und die Wallanlage in Sulzbürg, die frühgeschichtliche Befestigungsanlage auf dem Buchberg, der Burgstall auf dem Staufer Berg oder die Heinzburg beweisen.

Blick vom „Krähentisch" (Vordergrund) in das Neumarkter Becken

Burgruine Wolfstein bei Neumarkt/Oberpfalz

Schon dieser Blick in das Neumarkter Becken allein lohnt die Mühe des Aufstiegs zum „Krähentisch", noch mehr aber der Besuch der nahen, 580 m hoch gelegenen Burgruine Wolfstein auf einem nach Westen und Norden steil abfallenden Bergsporn des Juraplateaus, einem weithin sichtbaren Wahrzeichen der Stadt.

Im 13. Jahrhundert wurde die 1120 urkundlich belegte Burg zu einer bedeutenden spätromanischen Anlage ausgebaut. Die Vorburg – heute ein Bauernhof – und die Hauptburg waren durch einen tiefen Halsgraben getrennt, der die Süd- und Ostseite der Hauptburg umgibt. Ihre Nord- und Westseite umschließen noch immer große Teile des ursprünglichen Mauerrings in stattlicher Höhe. Eine Zugbrücke, die „zeitgemäß" durch eine Holzbrücke ersetzt ist, führt über den Graben zu einem halbrunden Schalenturm, dem letzten erhaltenen Rest der ehemaligen Toranlage. Durch den von der Außenmauer und der inneren Burgmauer umschlosse-

nen Zwinger betritt man den Burghof, in dem vor allem der stattliche Palas mit zwei Obergeschossen und der gewaltige runde Bergfried mit seinen meterdicken Mauern beeindrucken. Vor der westlichen

Burgruine Wolfstein, Eingang zur Burgkapelle

Burgmauer führt eine Treppe, die von mehreren hintereinander gestaffelten romanischen Bögen überwölbt ist, abwärts in die kleine Burgkapelle.

Am Ende des 13. Jahrhunderts besaß Gottfried II. von Sulzbürg, ein Sohn des Stifters des Klosters Seligenporten, die Burg. Seit dieser Zeit führten die Sulzbürger Herren bis zum Erlöschen ihres Geschlechtes im Jahr 1740 den Namen „von Wolfstein". Sie besaßen die Burg bis 1465. In diesem Jahr kaufte sie Pfalzgraf Otto II. von Neumarkt, und die Herrschaft Wolfstein wurde ein pfälzisches Pflegamt, dessen Sitz jedoch später nach Neumarkt verlegt wurde. Weil die Burg jetzt kaum mehr eine Funktion besaß, verfiel sie bereits ab dem Beginn des 17. Jahrhunderts. 1995 gründete sich der Förderverein „Wolfsteinfreunde", der die Ruine mit großem Engagement saniert – in erster Linie aus Mitgliederbeiträgen und Spenden – und dies, wie der Besucher sieht, vorbildlich.

Kanzel der Mariahilfkirche oberhalb von Neumarkt

 Empfehlenswert ist eine Wanderung von der Burg Wolfstein zur Mariahilfkirche hoch über Neumarkt. Sie liegt etwa auf gleicher Höhe, ebenfalls an der oberen Kante der Jurahochfläche, und ihr spitzer Turm ist von weitem sichtbar. Der 5,5 km lange Höhenweg (einfache Entfernung!) ist durchgehend mit dem Wegzeichen „roter Balken auf gelbem Grund" markiert. An mehreren Stellen bieten sich weite Ausblicke auf das Neumarkter Becken.

Die viel besuchte Wallfahrtskirche ist ein wichtiges Glied in der Reihe der Oberpfälzer Marienkirchen. Das Herzstück der von 1718–1727 von Oberpfälzer Künstlern erbauten und barock ausgestatteten Kirche ist der prunkvolle Hochaltar. Die Mitte seines von vier Säulen flankierten Hauptfeldes bildet das von Engeln umgebene Gnadenbild, eine Kopie des bekannten Marienbildes von Lukas Cranach, die schon

mehr als 100 Jahre zuvor der Kurfürst Max Emanuel den Neumarkter Kapuzinern geschenkt hatte. Die Decke ziert reicher Laub-, Bandel- und Gitterwerkstuck auf verschiedenfarbigem Grund, im Langhaus mit musizierenden Engeln, im Chor auf die Passion und das Erlösungswerk Christi bezogen. Die beiden Seitenaltäre, die Stuckkanzel mit den Figuren der vier Evangelisten und das mit üppig geschnitztem Rankenwerk versehene Gestühl vollenden die stilistische Harmonie der Kirche und machen sie zu einem barocken Kleinod.

Neumarkt in der Oberpfalz

Burgruine Wolfstein: Wegweiser an der Pelchenhofener Straße in Neumarkt.

Wallfahrtskirche Mariahilf: Am Mariahilfberg 1

29 | Velburg und die König-Otto-Tropfsteinhöhle

Was wäre die Fränkische Alb ohne ihre Höhlen – die großen und kleinen Höhlen an den Berghängen, welche schon die Steinzeitmenschen bewohnten, aber auch die riesigen unterirdischen, vom Wasser aus dem Karstkörper heraus gewaschenen Höhlengänge und -hallen, die zum Teil erst heute entdeckt und erforscht werden. Und was wäre sie erst ohne die Tropfsteinhöhlen, die auch im mittelbayerischen Gebiet zu den großen Sehenswürdigkeiten der Natur gehören!

Eine der schönsten ist die König-Otto-Tropfsteinhöhle bei Velburg. 450 m lang sind ihre Gänge, von denen jedoch nur 270 m begehbar sind, bis zu 70 m hoch die riesigen „Hallen", die sich dazwischen öffnen. Entdeckt wurde sie am 30. September 1895 von einem Schäfer, der beobachtete, wie ein Fuchs im Berg verschwand. Zuvor war ihm schon mehrmals aufgefallen, dass an dieser Stelle der Schnee schnell wegtaute und der Wald nur spärlich wuchs. Er folgte dem Fuchs, durchkroch dabei einen in die Tiefe führenden Gang und gelangte in eine flache Halle. Ohne Licht wagte er es nicht, weiterzugehen. Er suchte sich zwei Helfer, und die drei Männer arbeiteten sich mit Kerzenlicht tief in die Gänge und Hallen vor. Damit war eine der großen Tropfsteinhöhlen Deutschlands entdeckt. Da dieser Tag auf den Namenstag des Bayernkönigs Otto fiel, wurde sie nach ihm benannt.

Die Kunde von der Entdeckung der Höhle verbreitete sich sehr schnell. Und man erkannte bald die einmalige Chance, mit dieser Tropfsteinhöhle eine überregionale touristische Besucherattraktion zu schaffen. Sie wurde gangbar gemacht,

Blick aus dem „Hohlloch" bei Velburg auf die Oberpfälzer Kuppenalb

Burgruine Velburg

und schon im Mai 1896 konnten die ersten Besucher durch die Höhle geführt werden – bis 1954 nur mit Kerzen-, Fackel- oder Magnesiumlicht, seitdem mit elektrischem Licht. Am 2. Dezember 1972 entdeckten zwei fränkische Höhlenforscher einen weiteren Höhlenteil und nannten ihn wegen dieses Datums „Adventhalle".

Das Höhleninnere, in das 47 Stufen hinabführen, besteht aus Gängen und verschiedenen Räumen, die zum Teil nach den Forschern benannt sind, die an ihrer Entdeckung und Erschließung beteiligt waren, meist aber nach den Formen der Tropfsteingebilde. Ein Rundgang offenbart die ganze „Phantasie", welche die Natur im Laufe der Jahrtausende ihrer Entstehung entwickelt hat. In der „Niederwaldgrotte" wachsen zahllose Sinterröhrchen mit verschiedenen Färbungen aus der Decke. Viele davon sind mit Wasser gefüllt, das auf die darunter befindlichen Stalagmiten tropft, welche dadurch mitwachsen. In der „Schatzkammer" hat sich ein kleines Wasserbecken gebildet, aus dem Stalagmiten verschiedenster Formen und ungleicher Größe wie kleine Inseln aus dem Wasser

ragen; manche sehen aus wie gekappte Pilze oder kleine Mützen. Das mächtige Gewölbe des „Erlhains" wird durch Säulen gestützt – zusammengewachsenen Stalagmiten und Stalaktiten, die wie ein Wald aus knorrigen Eichenstämmen wirken. In der „Traubenkammer" bildet der Sinter erstarrte Kaskaden, in der „Schatzkammer" sind unter Wasser perlenartige Tropfsteine gewachsen.

Der schönste Teil der Höhlenanlage jedoch ist die „Adventhalle", eine helle, hallenartige Grotte, die eine Fülle von Tropfsteinen in den unterschiedlichsten Formen und verschiedensten Farben aufweist. Von der Decke hängen unzählige Sinterröhrchen mit Wassertropfen, und die Wände sind über und über mit farbigen Sinterperlen besetzt.

Ein weiter Rundblick auf die Landschaft des Oberpfälzer Jura, eines Teils des Fränkischen Jura, bietet sich vom 621 m hohen Burgberg des Städtchens Velburg. Ihr charakteristisches Aussehen geben dieser Landschaft die zahlreichen bewaldeten Bergkuppen, die ihr den Namen „Kuppenalb" eingebracht haben. Fast alle erheben sie sich 100 m und mehr über die Umgebung. Sperlasberg, Läufelberg, Hauenstein, Schlossberg, Eichelberg, Habsberg, Hohlsteinberg und Hohllochberg heißen sie hier um Velburg. Manche von ihnen waren einst bekrönt von stattlichen Burgen, die heute freilich zu Ruinen verfallen sind – der Ruine Velburg, der Adelburg, der Helfenburg. Auf anderen stehen bekannte Kirchen, so die Herz-Jesu-Kirche auf dem gleichnamigen Berg von Velburg oder die Wallfahrtskirche „Maria Heil der Kranken" auf dem Habsberg.

In den 1980er Jahren haben fast 1.500 Velburger Bürger mit über 7.000 Arbeitsstunden entscheidend dazu beigetragen, ihre Burgruine zu retten – ein Stück der Burgmauer mit dem Burgtor und vor allem den Bergfried, der über eine Treppe bestiegen werden kann. Unter dem Schutz der Grafen von Velburg. welche diese Burg im 12. Jahrhundert errichteten, entstand das neue Velburg und entwickelte sich vom Markt zur Stadt. Freilich musste diese in den folgenden Jahrhunderten viele Schicksalsschläge erleiden. Viermal brannte sie nahezu vollständig nieder, fünfmal wütete die Pest in ihren Mauern. Im Gegensatz zum Großteil der heutigen Oberpfalz wechselten die Velburger „nur" zweimal die Konfession. 1618 führte der Landesherr endgültig wieder die katholische Konfession ein.

Von der mittelalterlichen Befestigung mit 13 Türmen und drei Toren haben ein Teil der Wehrmauer, der „Kapsenturm" und das Nordtor alle Zerstörungen überstanden. Der weite Stadtplatz ist gesäumt von stattlichen Bürgerhäusern mit spitzen Giebeln, Erkern und Türmchen. Das Rathaus mit seinen repräsentativen Giebeln im Mittelpunkt der Stadt trennt den Stadtplatz vom Hinteren Markt.

Besonders sehenswert sind die Velburger Kirchen, die Stadtpfarrkirche St. Johannes der Täufer zu Füßen des Burgberges mit barocker Ausstattung und die Friedhofskirche St. Anna mit drei spätgotischen Altären. Auf dem Herz-Jesu-Berg thront die gleichnamige Kirche aus den Jahren 1791/92, ein gutes Beispiel des seltenen, damals modernen klassizistischen Baustils.

Die nur 2 km entfernte Kirche im Weiler St. Wolfgang, erbaut 1467, einst als viel besuchter Wallfahrtsort auch „oberpfälzisches Altötting" genannt, birgt mit ebenfalls drei gotischen Flügelaltären ganz besondere Kleinodien. Am Berghang oberhalb der Kirche liegt auch das „Hohlloch", eine eindrucksvolle große, domähnliche, nach Süden geöffnete Hanghöhle.

Velburg und König-Otto-Tropfsteinhöhle

Velburg liegt an der A 3, etwa auf halbem Weg zwischen Nürnberg und Regensburg im Oberpfälzer Jura. Ausfahrt Velburg.

Parken am besten auf dem Parkplatz am Burgberg, Anfahrt über den Stadtplatz und die Burgstraße (Wegweiser). Vom Parkplatz aus kurzer Aufstieg zur Burgruine mit herrlicher Aussicht möglich.

Fahrt nach St. Wolfgang (Flügelaltäre) mit dem Auto etwa 2 km. Von dort kurzer, aber lohnender Aufstieg zum Hohlloch.

Fahrt zur König-Otto-Tropfsteinhöhle gut 3 km (Wegweiser). Öffnungszeiten täglich von 10.00–17.00 Uhr.

Wanderung zur Tropfsteinhöhe: Vom P am Burgberg von Velburg führt ein sehr lohnender, mit Blaustrich markierter Fußweg zur Tropfsteinhöhle. Weglänge etwa 3 km (einfache Strecke), größerer Anstieg nur vom Parkplatz zur Burgruine; steiler Abstieg auf Treppenstufen vom „Schwammerlfelsen" zur Höhle. Rückweg: Zurück zum unteren Ende des Treppenabstiegs, dort rechts mit Blaupunkt den Berghang entlang.

Die „Klosterburg" hoch über dem Tal der Lauterach, eines Nebenflusses der Vils, beherrscht unübersehbar das Ortsbild des Marktes Kastl südwestlich von Amberg. Schon im 10. Jahrhundert stand an dieser exponierten Stelle eine Burg, und um 1100 scheinen sich ihre drei Besitzer, Graf Berengar von Sulzbach, Friedrich von Kastl und Markgräfin Luitgard von Cham-Vohburg, geeinigt zu haben, die Wehranlage in ein Kloster nach den Grundsätzen der Reformbewegung von Hirsau mit strenger Beachtung der Regel Benedikts umzuwandeln. Das neu gegründete Kloster blühte rasch auf, konnte seinen Besitz stetig mehren, wurde bald zu einem der mächtigsten und reichsten Klöster des Landes und ein wichtiges Zentrum der

monastischen Erneuerung. Die „Kastler Reform", welche die Erneuerung des Klosterlebens zum Ziel hatte, strahlte auf zahlreiche Klöster in Bayern aus. König Sigismund verlieh dem Kloster 1413 die Reichsunmittelbarkeit, die aber von der Kurpfalz nie anerkannt wurde.

Sofort nach der Klostergründung wurde der Bau der Klosterkirche St. Peter in Angriff genommen. Schon 1129 war die dreischiffige romanische Basilika mit drei Apsiden, flach gedecktem Schiff, einem gewölbtem Chorraum, einer großen Vorhalle im Westen und mächtigen Türmen an den Chorflanken weitgehend vollendet. Um 1400 wurden die westlichen Chorjoche querhausartig fünfschiffig erweitert, und die Hauptapsis, das Lang-

Die „Klosterburg" Kastl

haus und die Vorhalle erhielten ein gotisches Gewölbe. 1460 wurden im Norden und Süden Kapellen angebaut. Trotz aller Veränderungen ist der romanische Charakter der Kirche noch heute dominierend. Sie zeichnet sich aus durch einen Reichtum an baulichen Details. Zum ersten Mal wechseln sich hier im Schiff einer rechts des Rheins erbauten Kirche Rund- und Viereckspfeiler ab, die Kreuzrippengewölbe des Mittelschiffs ruhen auf Konsolen, die im Wechsel als kauernde Mönche oder Wappenschilde ausgebildet sind; zahlreiche Schlusssteine sind reich mit Figuren und Symbolen verziert. Einmalig ist der erhaltene Wappenfries an den Wänden des Mittelschiffes mit 69 Wappen zumeist von Adelshäusern der Oberpfalz, die dem Kloster verbunden waren – eine Fundgrube für Heraldiker und Genealogen.

Im Gegensatz zur Kirche, die heute zu den bedeutendsten romanischen Kirchen in Bayern zählt, war dem Kloster keine lange Zukunft beschieden. Im 16. Jahrhundert setzte sein rascher Verfall ein. Nach Einführung der Reformation in der Oberpfalz durch Kurfürst Ottheinrich von der Pfalz 1556 wurde die Benediktinerabtei 1563 aufgehoben. Im Zug der Rekatholisierung der Oberpfalz wurde sie 1636 von dem bayerischen Kurfürsten Maximilian den Jesuiten in Amberg übergeben. Nach dem Verbot dieses Ordens erhielt 1782 der Malteserorden das Kloster. Seit 1808 ist es Eigentum des bayerischen Staates, von 1958–2008 befand sich darin ein Ungarisches Gymnasium. Die Kirche ist seit dem 19. Jahrhundert Pfarrkirche.

In der Vorhalle der Klosterkirche steht ein Sarkophag mit den sterblichen Überresten des bekannten Ritters Seyfried Schweppermann. Wie eine Sage erzählt, soll er in der Schlacht bei Mühldorf 1322 als Feldhauptmann ein „Weißenburger Fähnlein" angeführt haben. Dabei habe er sich durch besondere Tapferkeit hervorge-

Klosterkirche St. Peter, Kastl, Innenansicht

tan und dem König Ludwig vom Bayern zum Sieg über Herzog Friedrich den Schönen von Österreich verholfen. Bei der Siegesfeier soll wegen der Knappheit an Nahrungsmitteln jeder Krieger nur ein Ei bekommen haben, Schweppermann jedoch sei für seine Tapferkeit mit einem zweiten belohnt worden: „Jedem ein Ey, dem frommen Schweppermann zwey", soll der Herzog gesagt haben. Und so steht es auf seinem Sarkophag.

Forscht man nach der geschichtlichen Wirklichkeit, sieht es freilich dürftiger aus. Gesichert ist Schweppermanns Teilnahme an der Schlacht bei Gammelsdorf 1313, in welcher der Herzog Ludwig einen entscheidenden Sieg über Friedrich errang – Vorraussetzung dafür, dass Ludwig 1314 deutscher König und später Kaiser wurde. Schweppermanns Teilnahme an der Schlacht bei Mühldorf jedoch ist ebenso wenig bewiesen wie die Geschichte mit den zwei Eiern.

Sicher ist aber, dass Schweppermann im Dienst des bayerischen Herzogs stand und durch besondere Tapferkeit bekannt war. Er starb 1337 und wurde in Kastl begraben. Die Stammburg der Familie lag auf dem Dietrichstein bei Hillohe, 3 km südlich von Lauterhofen. Von dieser sind nur mehr Spuren erhalten. Auch die hoch über dem Lauterachatal gelegene Burg Pfaffenhofen bei Kastl gehörte der Familie der Schweppermänner.

Der Markt Kastl mit etwa 2.500 Einwohnern, ein staatlich anerkannter Erholungsort, liegt romantisch im engen Tal der Lauterach und ist umgeben von ausgedehnten Wäldern. Im 19. Jahrhundert Sitz eines Landgerichts und Rentamtes, Amtsgerichts und Finanzamtes blieb es bis 1929 Mittelpunkt für eine größere Zahl umliegender Dörfer. Heute umfasst das weitläufige Gemeindegebiet 36 Dörfer und Weiler.

Sehenswert sind außer der Klosterkirche das Rathaus, das Heimatmuseum sowie die Schweppermannsburg und ein Karner neben der Kirche im Ortsteil Pfaffenhofen. Das Rathaus, das der vorletzte Benediktinerabt Johannes Menger 1552

Blick auf den Ostchor

aus Mitteln des Klosters erbauen ließ, wurde vielfach verändert, erhielt 1890 ein zweites Stockwerk und später einen Treppengiebel, der von einem zierlichen Türmchen abgeschlossen wird. Die Szenen auf dem neu gestalteten Marktbrunnen vor dem Rathaus erinnern an die frühere Tradition der Eisengewinnung und -verhüttung in der Oberpfalz.

Der Kastler Bürger Franz Weiß sanierte ein uraltes Bauernhaus mit Scheune aus dem 14. Jahrhundert und präsentiert darin die von ihm gesammelten Schätze, ein breites Kaleidoskop Oberpfälzer Arbeit und Wohnkultur: Werkzeuge und Geräte, Oberpfälzer Trachten, religiöse Volkskunst, eine Wohnstube, Schlafkammer und Rußkuchl, eine Schuster-, Schneider-, Töpfer- und Schmiedewerkstatt sowie die Technik der Flachsverarbeitung.

Die Schweppermannsburg in Pfaffenhofen ist im Hausvertrag von Pavia 1329 erstmals erwähnt. Vermutlich erhielt sie einer der Söhne Seyfried Schweppermanns von König Ludwig dem Bayern für dessen zahlreiche Verdienste als Erbgut verliehen. Im Jahre 1633 wurde die Burg durch die Schweden zerstört und der Bergfried im Jahre 1776 zum Teil abgetragen. Erhalten blieben die Südmauer, Teile der westlichen Mauer sowie ein Stück der Palasmauer im Norden. Von dem ursprünglich romanischen Wohnhaus sind nur noch geringe Reste erhalten, die an den Bergfried anschließen. Nach einer umfangreichen Sanierung durch den Bayerischen Staat nach 1960 steht die Burganlage seit 1965 unter der Verwaltung der Sektion Amberg des Deutschen Alpenvereines und dient als Jugend- und Wanderstützpunkt. Neben der Kirche steht in Pfaffenhofen ein rechteckiger Karner, eine Beingruft mit darüberliegender Kapelle. Er entstand wohl um 1200 und wurde im 14. oder frühen 15. Jahrhundert im Stil der Gotik umgestaltet.

Die „Hoibruck" zwischen Kastl und Ursensollen

Anfang des 20. Jahrhunderts wurde von Amberg aus eine Lokalbahn (Stichbahn) nach Kastl und Lauterhofen gebaut. Im Gebiet der von vielen Tälern durchzogenen Oberpfälzer Alb war das damals kein leichtes Unterfangen. Unter anderem mussten die Gleise durch viele Geländeeinschnitte und über Brücken geführt werden. Eines dieser beeindruckenden Brückenbauwerke liegt etwa 6 km nordöstlich von Kastl bei Ursensollen. Mit mächtigen Bögen überspannt die „Hoibruck" genannte Brücke den Allmannsfelder Graben, ein kleines, abgelegenes Tal. Sie ist ein Meisterwerk der damaligen Eisenbahnbaukunst. Bis zu 18 m ragen die vier Pfeiler aus heimischem Jurastein empor, 82 m lang und 3,70 m breit ist die Fahrbahn über die Brücke. 1962 wurde der Personenverkehr eingestellt und 1972 fuhr der letzte fahrplanmäßige Güterzug. Heute ist die Brücke ein Highlight des Schweppermann-Radwegs von Neumarkt nach Amberg und Schwarzenfeld an der Naab, der kurz vor Ursensollen über die Brücke führt. Es lohnt sich abzusteigen und ein Stück hinunter ins Tal zu gehen, um das Bauwerk aus einiger Entfernung von unten zu betrachten.

Kastl

Kastl liegt an der B 299 von Neumarkt nach Amberg, etwa 15 km südwestlich von Amberg

Das Heimatmuseum an der Utzenhofener Str. ist geöffnet von April bis Okt. an jedem ersten So im Monat von 13.00–17.00 Uhr

Für Gruppen sind Führungen jederzeit nach telefonischer Anmeldung möglich. Telefon: 09625 / 91173 oder 1742

Pfaffenhofen liegt etwa 2 km westlich (talaufwärts) von Kastl.

31 | Die Burg Lichtenegg im Birgland

„Birgland" nennt sich die hoch gelegene, ausgedehnte Gemeinde im Oberpfälzer Teil der Fränkischen Alb unweit der Grenze zu Mittelfranken. In ihrem Wappen spiegelt sich ihre Geschichte. Die fünf grünen Berge stehen für „Birgland" – Bergland, eine Landschaftsbezeichnung, die man bei der Gebietsreform 1972 als Gemeindenamen wählte. Sie charakterisiert die Landschaft, auf der die Gemeindeorte verstreut liegen: ein hoch gelegenes, waldreiches und an vielen Stellen aussichtsreiches Bergland. Die Fünfzahl der Berge steht für die ehemals selbstständigen Gemeinden, die sich damals zusammenschlossen. Eckeltshof, Frechetsfeld, Fürnried, Poppberg und Schwend. Eine sechste, Sunzendorf, kam 1978 dazu. Zwei silberne heraldische Lilien im Wappen erinnern an die ehemaligen Herren dieser Gegend, die Grafen von Sulzbach. Die Zinnenmauer auf dem Fünfberg steht für zwei Burgruinen, die auf dem heutigen Gemeindegebiet liegen, Poppberg und Alfeld.

Erstere steht auf dem gleichnamigen Gipfel des kegelförmigen Berges, den sie einst – weithin sichtbar – gekrönt hat. Mit 653 m ist er die höchste Erhebung der Fränkischen Alb überhaupt. Da die Ruine heute romantisch im Wald verborgen ist, hat ihr der 585 m hohe Lichtenegger Burgberg als bekannter Aussichtspunkt den Rang abgelaufen. Dem, der sich ihm nähert, kommt er zwar nur wie ein etwas größerer Hügel vor. Gerade 20 m erhebt er sich über seine Umgebung. Wer aber oben steht, genießt einen der beeindruckendsten Rundblicke in der Region. Bei günstigem Wetter kann man von hier aus über 100 km weit sehen. Nicht weit entfernt erheben sich aus dem wellenförmigen Grün der Wälder der Oberpfälzer Alb und der Fränkischen Schweiz beliebte Ausflugsberge: Ossinger, Hohe Zant, Rotbühl, Poppberg, Bärenstein, Houbirg, Glatzenstein, Hohenstein, Hohe Reuth und noch viele mehr, allesamt 600 m und mehr hoch. Aber der Blick schweift weit darüber hinaus: nach Osten zum Oberpfälzer Wald entlang der böhmischen Grenze, nach Nordosten zu den Gipfeln des Fichtelgebirges, zum Steinwald und Kaiserwald, nach Südosten zum Bayerischen Wald. Eine neue Panoramatafel auf dem Gipfel hilft, die Berge zu identifizieren.

Schon im frühen 13. Jahrhundert stand hier eine Burg, vermutlich eine hochmittelalterliche Adelsburg. Ihre Errichtung steht vielleicht im Zusammenhang mit dem Ausbau der kaiserlichen Pfalzen, die durch Burgketten an den Straßen und durch „Burgkränze" gesichert wurden. Nachdem sie zwischen 1424 und 1430 zerstört worden war, erbaute man sie 1562 neu.

Die Anlage bestand aus einer Oberburg und einer Unterburg. Erstere lag etwa 4–5 m über der Unterburg auf einem Felskopf, dem höchsten Punkt des Burgberges. Sie ist dreiecksförmig und fällt nach allen Seiten senkrecht ab. Letztere wurde auf einer Terrasse sichelförmig um den Felskopf gebaut. Darunter liegt noch eine weitere planierte Fläche, die mit einem Wall zum Berghang hin gesichert wurde. Ihr Hauptwohngebäude, der Palas, war drei Stockwerke hoch. 1574 fiel die Burg einem Brand zum Opfer und verfiel dann nach und nach zur Ruine.

Die Burgruine Lichtenegg im Birgland

Dass diese heute wieder begehbar ist, ist dem Engagement geschichtsbewusster Bürger der Gemeinde Birgland zu verdanken, der die Ruine heute gehört. Sie gründeten 1998 einen Förderverein, der sich zum Ziel setzte, die Gemeinde bei der Erforschung der Geschichte, der Bestandssicherung und der Restaurierung zu unterstützen. Mithilfe von Eigenmitteln der Gemeinde und des Vereins, Zuschüssen staatlicher Stellen, aber vor allem auch durch weit über 3.000 freiwillig geleisteten Arbeitsstunden gelang es, die umfangreichen Mauerreste freizulegen, zu festigen und zu sanieren, so dass der einstige Grundriss der Burg wieder deutlich wurde. Der völlig zugewachsene Burgberg wurde so ausgelichtet, dass er allmählich wieder das frühere Erscheinungsbild der Wacholderheide annimmt und vor allem einen 360°-Rundblick bietet. Die Aufstiegswege wurden durch Treppenstufen und eine Stahltreppe gesichert und ermöglichen das problemlose Besteigen des Burgbergs zu jeder Jahreszeit;

aufgestellte Sitzgruppen laden zur Rast ein. Damit festigte Lichtenegg seine Stellung als erstrangiger Anziehungspunkt für Wanderer und Sonntagsausflügler.

Wie bei vielen Burgen entstand auch um den Burgberg von Lichtenegg das gleichnamige Dorf. Als dessen Gründer wird Johann Philipp Jakob von Preysing angesehen. Er erbaute 1626 am Fuß des Burgberges ein Herrenhaus und zusätzlich fünf Häuschen für seine Untertanen. 1715 verkaufte sein zweiter Nachfolger Johann Georg Lichtenegg an den Sulzbacher Landesherrn Theodor Eustach. Von da an wurde es von den landesfürstlichen Beamten in Sulzbach und Amberg und später in Regensburg regiert.

Lichtenegg

Lichtenegg liegt als Ortsteil der Gemeinde Birgland etwa 4 km nördlich von Fürnried nahe der A6 zwischen Nürnberg und Amberg.

32 | Die Klosterruine Gnadenberg

Die Ruine des Birgittenklosters in Gnadenberg gehört sicher zu den eindrucksvollsten ihrer Art in Deutschland. 65 m lang und mehr als 30 m breit war die Klosterkirche vor der Zerstörung. Mehr als 15 m hoch ragt noch heute ein Teil ihrer mächtigen Mauern empor. Statt des Kirchenraums umschließen sie heute einen romantischen Garten. Der Eisensandstein, aus dem sie erbaut sind, verleiht ihnen einen warmen rötlichen Ton; und durch das feine Maßwerk der gotischen Fenster blickt der Betrachter in den blauen Himmel. Der Stimmung dieser Ruine kann man sich kaum entziehen.

Einst stand hier eine dreischiffige, nach Südwesten ausgerichtete Hallenkirche mit einem gerade geschlossenen Chor. Jedes der Schiffe umfasste fünf Gewölbejoche. Einige Konsolen, auf denen die Gewölbe ruhten, sind noch heute erhalten. Die ganze Klosteranlage, die nach Westen ausgerichtet war, entsprach den strengen und ungewöhnlichen Bauvorschriften der hl. Birgitta. Diesen entsprechend lag die Kirche in der Mitte. In ihre Seitenschiffe führten zwei Portale, zum Mittelschiff gab es keinen Zugang. Von den um die Kirche angeordneten Klostergebäuden selbst ist nur mehr ein Flügel des Nonnenklosters erhalten.

Stifter dieses ersten Birgittenklosters in Süddeutschland waren 1426 Pfalzgraf Johann von Neumarkt–Neunburg vorm Wald und seine Frau Katharina von Pommern. Diese war im Kloster im schwedischen Vadstena zu einer glühenden Verehrerin dieser Heiligen erzogen worden. Wie alle Birgittenklöster war auch Gnadenberg nach der Vorgabe der Ordensgründerin als Doppelkloster mit einem Konvent für Frauen und einem für Männer angelegt. Aber mit dem Aufbau der Konvente und des Klosters ging es nur langsam voran. Große Fortschritte brachte erst die Ausstellung eines zweiten Stiftungsbriefes durch Pfalzgraf Johann zusammen mit seiner zweiten Gemahlin Beatrix im Jahr 1435 und, damit verbunden, die Übereignung weiterer Güter. So konnte 1438 das Kloster eingeweiht und zugleich der Grund für den Bau einer größeren Klosterkirche gelegt werden. An dieser wurde mehrere Jahrzehnte mit unterschiedlicher Intensität gebaut. Nürnberger Patrizierfamilien, besonders die Fürer, unterstützten das wirtschaftlich geschwächte Kloster und bedachten es mit reichen Stiftungen.

Aber es sollte ihm keine lange Blütezeit beschieden sein. Infolge der Reformation blieb der Nachwuchs aus den umliegenden Gebieten aus und es begann das allmähliche „Sterben" des Klosters. 1556 hatte es noch 17 Ordensfrauen und vier Mönche, 1563 lebten darin noch vier Nonnen. 1571 starb die letzte. 1635, im Schwedenkrieg, wurde die mächtige gotische Hallenkirche niedergebrannt.

Nach der Rekatholisierung erhielten 1671 die Salesianerinnen bei St. Anna in München das Kloster, bewohnten es aber nie. Alle Bemühungen um den Wiederaufbau der Kirche scheiterten. So benutzte man die Ruine der zerstörten Klosterkirche als Steinbruch. Bei der Säkularisation 1803 ging sie in Privatbesitz über; seit 1898 gehören die Mauern dem bayerischen Staat.

Das noch erhaltene ehemalige Refektorium des Klosters und der darüber liegende Schlafsaal erhielten eine neue Verwendung. Sie wurden 1655 zu einer Kirche umgewandelt, die seit dem 17. Jahrhundert als Pfarrkirche dient. 1961 wurde sie erweitet. Damals kaufte die Kirche den noch restlichen Teil des ehemaligen Nonnenklosters auf und konnte nun einen für die erneuerte Liturgie erforderlichen größeren Altarraum mit einer sehenswerten Ausstattung schaffen.

Die vier mit Laubwerk umwundenen Säulen des Hochaltars rahmen ein schon 1689 vorhandenes, von einem Barockrahmen eingefasstes Gemälde ein, das die mystische Vermählung der hl. Birgitta mit Christus und Maria als Gnadenmittlerin zeigt. Auf den Seitenaltären aus dem Ende des 17. Jahrhunderts umranden je zwei rebengeschmückte gewundene Säulen

Außenmauer der Klosterruine Gnadenberg mit Maßwerkfenstern

Bildhauerarbeiten: auf dem rechten eine reich geschnitzte Darstellung der 14 Nothelfer, auf dem linken drei in Nischen stehende Heilige: Maria in der Mitte, links und rechts davon Joseph und der Ordensgründer Franz von Sales. Die beiden Seitenwände des Kirchenschiffes flankieren lebensgroße Figuren der zwölf Apostel aus dem frühen 18. Jahrhundert.

Für Süddeutschland ist die Gnadenberger Klosteranlage einzigartig; denn in Maihingen im Ries, dessen Birgittenkloster von Gnadenberg aus gegründet wurde, ist die ursprüngliche Birgittenkirche nicht mehr erhalten, und in Altomünster, der zweiten bayerischen Niederlassung des Ordens, mussten Kloster und Kirche nicht

Teil der Klosterruine Gnadenberg (Refektorium mit Schlafsaal), linker Teil heute Pfarrkirche

Laurentiusbrunnen in Sindlbach

umfassend renoviert und bildet seitdem das Schmuckstück des Ortes.

In seiner Kirche beherbergt das bereits 1129 erwähnte Sindlbach eine zweite Sehenswürdigkeit. Da es im Mittelalter an einer Route des Jakobuswegs lag, der von Böhmen nach Bayern führte (und auch seit einigen Jahren wieder führt), ist dieser Apostel auch ihr Patron. Er ist auf zwei Gemälden zu sehen: auf dem Altarblatt des in feinem Rokokostil gefertigten Hauptaltars und auf dem nach der Renovierung von Übermalungen befreiten Deckengemälde. Dieses zeigt Jakobus hoch zu Ross als „Maurentöter" bei der legendären Schlacht von Clavijo, bei der er dem König Ramiro zu Hilfe kam.

neu erbaut werden; hier übernahm der Orden 1497 ein schon vorhandenes Benediktinerkloster mit Kirche.

☀ Lohnend ist ein Abstecher von Gnadenberg in das nur 5 km entfernte Dorf Sindlbach. Im Zentrum des Ortes steht auf dem Vorplatz der Kirche ein Kunstwerk von ganz besonderer Art: der vergoldete und bemalte Laurentiusbrunnen aus Gusseisen. Er ist kein für die Gegend typisches Kunstwerk, sondern auf einem ungewöhnlichen Umweg hierher gekommen: Die Maschinenfabrik Augsburg Nürnberg (MAN) hatte ihn für die Weltausstellung in Paris 1878 gekauft. Danach erwarb ihn die Stadt Altdorf und von dieser kaufte ihn schließlich 1920 der Sindlbacher Bürgermeister. 1994/95 wurde der Brunnen mit seinen 72 Einzelteilen

Klosterruine Gnadenberg

Gnadenberg liegt an der Straße von Neumarkt nach Altdorf nahe der Autobahneinfahrt Oberölsbach der A3 Nürnberg-Regensburg. Der Weg zur Klosterruine führt unterhalb der Hauptstraße an der Längsseite der Pfarrkirche vorbei. Der Garten in der Ruine ist in Privatbesitz, darf aber zur Besichtigung betreten werden. Die Pfarrkirche kann tagsüber besichtigt werden. Wenn sie verschlossen ist, ist ein Schlüssel erhältlich (siehe Anschlagtafel)

Sindlbach

Weg ab Gnadenberg: Auf der Staatsstraße in Richtung Neumarkt bis Oberölsbach. Dort links auf die Straße nach Sindlbach/Lauterhofen). Brunnen und Kirche in Sindlbach liegen an der Hauptstraße durch den Ort.

33 | Der Ludwig-Donau-Main-Kanal

Eine schiffbare Verbindung zwischen Main und Donau und damit zwischen Nordsee und Schwarzem Meer ist ein alter Menschheitstraum. Schon Karl der Große versuchte ihn 793 bei Treuchtlingen zu verwirklichen, und immer wieder wurden im Lauf der Jahrhunderte neue Pläne ausgedacht. Aber erst König Ludwig I. von Bayern gelang es, 1836–1845 zwischen Bamberg und Kelheim einen 173 km langen Kanal zu erbauen. Dieser wurde auch nach ihm benannt: „Ludwig-Donau-Main-Kanal".

Mithilfe von 100 Schleusen überwindet diese 15,80 m breite und 1,46 m tiefe Wasserstraße den Höhenunterschied von 79 m von Kelheim hinauf zur Scheitelhal-

tung auf der Fränkischen Alb und 183 m hinunter nach Bamberg. Ihre Realisierung mithilfe der „cut-and-fill"-Technik war damals eine technische Meisterleistung. Man hat sehr rationell gebaut: Mit dem bei der Aushebung der Geländeeinschnitte anfallenden Material wurden zum Ausgleich der Höhenunterschiede 70 Dämme aufgeschüttet. Der bekannteste ist der 319 m lange und 29 m hohe Distellochdamm; die beeindruckendsten Einschnitte sind der 580 m lange und 23 m tiefe Unterölsbacher und der 870 m lange und 15 m tiefe Dörlbacher Einschnitt. Sie alle liegen auf der Kanalstrecke zwischen Neumarkt und Feucht. Bis zu 9.000 Arbeiter

Schleuse und Schleusenwärterhaus am Ludwig-Donau-Main-Kanal

Treidelschiff auf dem Ludwigskanal bei Schwarzenbach

waren gleichzeitig beim Kanalbau beschäftigt.

Bis zu 32,10 m lange und 4,47 m breite Schiffe mit 120 t Ladefähigkeit konnten auf dem Kanal verkehren. Antriebskraft waren „Pferdestärken": Von den Wegen links und rechts des Kanals aus wurden die Schiffe an langen Seilen von Pferden gezogen, „getreidelt", meist beladen mit Massengütern wie Holz, Kohlen, Steinen und Agrarprodukten. Das Wasser wurde aus den umliegenden Bächen in den Ka-

nal geleitet. Für die Schleusenwärter entstanden nach einem Musterplan des bekannten Baumeisters Leo von Klenze 69 einheitliche klassizistische Wärterhäuser von hohem architektonischen Anspruch. Ein Gemüsegarten und Obstbäume rings um das Haus dienten der Versorgung der Familie des Schleusenwärters. Seine und seiner Gehilfen Aufgaben waren die Bedienung der Schleusen – im Schnitt waren es drei – sowie die Instandhaltung und Pflege des Kanals und seiner Anlagen, aber auch die Verpachtung der Obstanlagen entlang der Treidelwege und am Hang der Dämme sowie der übrigen Grundstücke.

Nur zwei Jahrzehnte war der Kanal rentabel. 1861/62 verkehrten auf ihm 4.980 Schiffe und 2.876 Flöße. Bald aber sank die Güterbeförderung rapide, denn 1871 wurde die Bahnstrecke Nürnberg–Regensburg eröffnet, und der Transport auf der Schiene war dem auf dem Schiff an Zeit und Ladefähigkeit haushoch überlegen. So fristete der Kanal nach und nach ein immer bescheideneres Dasein. Im 2. Weltkrieg wurde er teilweise zerstört, 1950 endgültig aufgelassen.

Heute steht er mit seinen Schleusen und Wärterhäuschen unter Denkmalschutz und ist zu einer beliebten Freizeiteinrichtung, aber auch zu einem wertvollen Biotop geworden. Auf den Treidelwegen verlaufen Rad- und Wanderwege. Angler gehen an seinen Ufern ihrem Hobby nach. Alleen begleiten die Ufer und das stehende Wasser ist Lebensraum für eine Vielzahl von Tieren und Pflanzen. An wichtigen Stellen erläutern Schautafeln die technischen Details des Kanalbauwerks. Dies alles macht, zusammen mit den teils weiten Ausblicken auf die Landschaft, eine Radtour oder Wanderung entlang des Kanals zu einem abwechslungsreichen Erlebnis. Da der Weg im Bereich der 24 km langen Scheitelhaltung von der Schleuse 32 südlich Neumarkt bis zur Schleuse 33 bei Rübleinshof eben ist und danach bei den kurz aufeinanderfolgenden Schleusen jeweils nur einige Meter abfällt, ist er ganz besonders geeignet für Touren von Familien mit Kindern.

Erhalten und mit Wasser gefüllt sind noch respektable Kanalabschnitte, der längste durchgehende vom Süden Nürnbergs (Gartenstadt) bis Neumarkt und mit kleineren Unterbrechungen auch bis Mühlhausen. Auch zwischen Berching und Beilngries sind noch respektable Kanalstrecken erhalten.

Wer nicht die gleiche Strecke hin- und zurückfahren bzw. -gehen möchte, kann im Abschnitt Neumarkt bis Feucht die Nürnberger S-Bahn benutzen. Die Bahnhöfe bzw. Haltestellen Neumarkt, Burgthann, Mimberg, Ochenbruck und Feucht der S3 liegen am oder relativ nahe am Kanal. Einen Vorschlag für eine Teilstrecke zu Fuß enthält der Beitrag „Brückkanal" in diesem Buch.

In Mühlhausen im Sulztal und in Schwarzenbruck wird auf kurzen Teilstrecken an einigen Terminen im Sommer noch „getreidelt". Informationen bei den Gemeinde Burgthann bzw. Mühlhausen.

Das Museum in der Burg Burgthann zeigt eine reich bebilderte und interessante Ausstellung zur Baugeschichte des Ludwigskanals.

Der Ludwigskanal

Der Kanal zieht sich durchgehend vom südlichen Ortrand von Nürnberg (Gartenstadt) bis Neumarkt. Von dort bis nach Beilngries ist er an einigen Stellen unterbrochen. Größere Orte, deren Gebiet der Kanal berührt, sind Wendelstein, Feucht, Schwarzenbruck, Burgthann. Berg, Neumarkt, Mühlhausen, Berching und Beilngries. Je nach Lage sind diese erreichbar über die Autobahnen 3, 6 oder 9 sowie über die Bundesstraßen 8 und 299.

34 | Die „Houbirg" bei Hersbruck

Ursprünglich war der beeindruckende, bis zu 7 m hohe und an seinem Fuß 17 m breite Ringwall eine Mauer: Eine Holzkonstruktion hielt sein aus Steinen mörtellos zusammengefügtes und mit Erdreich verfülltes Mauerwerk zusammen. Mit 4,5 km Länge umschloss er eine Innenfläche von fast 90 ha, was etwa der Ausdehnung der Nürnberger Altstadt entspricht.

Die noch immer gewaltigen Reste dieses vorgeschichtlichen Ringwalls umschließen die Houbirg, einen Bergstock bei Happurg östlich von Nürnberg, der nach Westen, Norden und Süden steil in die Täler abfällt. Wegen dieser strategisch günstigen Lage war das zwischen 486 und 617 m hoch gelegene Gipfelplateau ein idealer Siedlungsplatz. Schon etwa 1600 v. Chr. war die Houbirg besiedelt und wahrscheinlich schon seit etwa 900 v. Chr. auch durch einen Wall geschützt. Um 500 v. Chr. , in der Hallstattzeit, bauten sie die Kelten zu einer mauerumgürteten wehrhaften Befestigung aus, von der aus nicht nur das Umland, sondern auch der Fernhandel kontrolliert werden konnte. Funde, unter anderem sehr feine, qualitativ hochwertige Keramik, Bronzefibeln, Glasperlen sowie Spuren von Eisengewinnung und -verarbeitung beweisen, dass die „Stadt" auf der Houbirg reich und eines der wichtigen Zentren des großen kelti-

Felsentor über dem „Hohlen Fels" auf der „Houbirg"

Wall der vorzeitlichen Befestigungsanlage auf der „Houbirg"

schen Siedlungsraums war, der sich über weite Teile Mitteleuropas erstreckte, vergleichbar mit dem Michelsberg bei Kelheim und dem Staffelberg bei Staffelstein. Schon ab 330 v. Chr. wurde sie verlassen. Um 400 n. Chr. ließen sich für kurze Zeit Germanen auf der Houbirg nieder, jedoch schon bald war sie erneut unbewohnt und damit dem allmählichen Verfall preisgegeben.

Landschaftlicher Glanzpunkt auf der Houbirg ist der „Hohle Fels" an ihrer Südostecke, eine große Höhle in 530 m Höhe, die den Menschen seit der mittleren Altsteinzeit vor etwa 60.000 Jahren Schutz bot. Ein doppeltes Felsentor führt zu einem kleinen Plateau vor ihrem Eingang, von dem sich, wie auch vom Felsen über der Höhle, ein herrlicher Ausblick auf das Pegnitztal, Hersbruck, Happurg und den Happurger Stausee bietet.

Freilich ist mit der Geschichte dieses Berges auch ein schreckliches Kapitel verbunden. In den beiden letzten Kriegsjahren 1944/45 mussten unter unmenschlichen Bedingungen Tausende von KZ-Häftlingen im Inneren der Houbirg ein verzweigtes Stollensystem graben, das „Doggerwerk", in dem ein bombensicheres Flugzeugmotorenwerk eingerichtet werden sollte. Bis zum Kriegsende wurden 3,5 km Stollen fertiggestellt, die Produktion wurde jedoch nicht mehr begonnen. In den Monaten seines Bestehens durchliefen etwa 10.000 Häftlinge das für die Arbeiter eingerichtete KZ in Hersbruck, von denen mindestens 3.500 ums Leben kamen. Nach dem Krieg wurden die Stolleneingänge zubetoniert.

Um das Gedenken an die Zwangsarbeiter, die damals ihr Leben lassen mussten, wach zu halten, soll am Rande des frühe-

Blick auf den Happurger See und in das Pegnitztal

ren KZ-Areals ein Pavillon als pädagogisches Zentrum und Gedenkraum errichtet werden. In einem zweiten Schritt wird das Doggerwerk bei Happurg, wo die KZ-Häftlinge schuften mussten, in ein Gedenkstätten-Gesamtkonzept eingebunden und die Stollen unter der Houbirg sollen teilweise begehbar gemacht werden.

Etwa 4 km südöstlich der Houbirg liegt auf dem Hochberg eine bedeutende Höhensiedlung der „Schnurkeramischen Kultur", die hier von ca. 2800–2400 v. Chr. existierte. Sie zählt zu den wichtigsten vorgeschichtlichen Höhensiedlungen im Süddeutschen Raum. Ihr Zentrum bildete eine imposante Formation aus gewaltigen Felstürmen und -blöcken mit einem kleinen Gipfelplateau. Während das felsige Gelände nach Westen und Osten steil abfällt, umziehen nach Norden und Süden bogenförmig felsgesäumte Terrassen stufenförmig den Berg. Vom Dorf Mittelburg, in dem sich eine Übersichtstafel befindet,

führt auf den Hochberg ein markierter „Archäologischer Rundwanderweg".

Houbirg

Die Houbirg ist nur zu Fuß zu erreichen. Ein guter Ausgangspunkt ist Happurg. Der Ort liegt etwa 4 km südöstlich von Hersbruck. Parkplatz an der Hersbrucker Straße.

Vom Marktplatz führt die Markierung Grünkreuz direkt zum „Hohlen Felsen" am Rand des Walls hinauf. Wegen der sehr schönen Aussicht ist es empfehlenswert, von dort au[f] den auf der Happurger Seite (Westseite) liegenden Abschnitt des Walls zu gehen. Auch eine vollständige Umrundung auf bzw. neben dem Wall ist möglich (größtenteils mit der Grünpunkt-Markierung).

Von Happurg zum Rand der Houbirg (knapp 2 km) beträgt der zu bewältigende Höhenunterschied 120 m, auf der Gesamtumrundung (4,5 km) weitere 130 m.

35 | Der Johannisfriedhof in Nürnberg

„Was an Albrecht Dürer sterblich war, liegt unter diesem Grabhügel", kündet eine lateinische Bronzeinschrift auf der schlichten Steinplatte des wohl am meisten besuchten Grabes im Nürnberger St. Johannis-Friedhof. Auch dem großen Maler steht nicht mehr zu: Höchstens 6 „Werkschuhe" lang, das sind nach heutigem Maße 1,67 m, darf jeder der waagrecht liegenden Grabsteines aus heimischem Sandstein sein, und 3 Werkschuhe, also 83,5 cm breit. Keiner, auch nicht der angesehenste Verstorbene, soll seinen Nachbarn übertrumpfen können. Und Bürger jeglichen Standes, reich und arm, berühmt oder unbekannt, fanden und finden hier bis heute ihre letzte Ruhe.

„Im Tod sind alle gleich" heißt die Botschaft, die dieser ungewöhnliche Friedhof anschaulich im wahrsten Sinn des Wortes verkündet. Eine einzigartige Atmosphäre der Besinnlichkeit liegt hier über den Gräbern, und zu allen Jahreszeiten bedeckt ein Meer von Blüten die Grabstätten: an Ostern leuchtende Frühlingsblumen, im Sommer Rosenstöcke in vielen Farben, ihnen folgen bunte Herbststräuße, und an den Tagen um Allerheiligen verbreitet ein Teppich von gelbem Herbstlaub Auferstehungshoffnung über den Gräbern.

Im Mittelalter bestatteten die Nürnberger ihre verstorbenen Bürger innerhalb der Stadtmauern – auf den Friedhöfen von St. Sebald und St. Lorenz. Als gegen Ende des

Der Nürnberger Johannisfriedhof. Im Hintergrund die Johanniskirche

Grab von Albrecht Dürer auf dem Johannisfriedhof

Mittelalters die Pest auch Nürnberg heimsuchte, wurden diese wegen der großen Zahl der Toten zu klein. Aber auch wegen der damals verbreiteten Furcht, der „Pesthauch" könne auch aus dem Grab heraus die Menschen anstecken, erweiterte man um 1520 den Friedhof des nahen Dorfes Johannis unweit der westlichen Stadtmauer und begrub die Toten dort.

Bei aller Gleichheit teilen die Grabsteine im Johannisfriedhof viel mit über die Menschen, die darunter liegen. Mit ihren größtenteils in Bronze gegossenen Inschriften, Wappen, Reliefbildnissen, Handwerkerzeichen und christlichen Symbolen erzählen sie von den Menschen, die hier ruhen. Da verrät etwa eines der „redenden" Wappen auf dem Grab des Goldschmiedes Hans Bauch humorvoll dessen Namen: Der Meister transportiert seinen Bauch auf einem Schubkarren. Ein Totengräber ist an seiner Grabschaufel und der Mondsichel zu erkennen, dem Zeichen der Vergänglichkeit. Und ein Elefant auf dem Grab eines Fernhändlers erzählt, dass dieser sogar bis nach Indien Handelsverbindungen hatte.

Wer sich viel Zeit nimmt und auf einen Entdeckungsrundgang geht, dem geben Werkzeuge, Produkte und Symbole auf den Grabsteinen auch einen Einblick in die Vielfalt der Handwerksberufe im alten Nürnberg. Wohl an die hundert verschiedene Berufe wird er entdecken, darunter heute gänzlich verschwundene oder sehr sel-

Die Müntzer'sche Säule im Johannisfriedhof

tene wie Beutler, Büttner, Gürtler, Fingerhutmacher, Barchentweber, Panzermacher, Flaschner, Lederer, Schellenmacher. Auch der erste deutsche Lokomotivführer, der die 1835 zwischen Nürnberg und Fürth verkehrende Eisenbahn fuhr, ist hier begraben.

Auch der in Eichstätt geborene berühmte Humanist und Dürers Freund Willibald Pirckheimer, der die Inschrift auf dessen Grab anbringen ließ, hat hier seine letzte Ruhe gefunden. Die Inschriftenplatte auf seinem schmucklosen Grabstein nahe der Holzschuherkapelle rühmt ihn als „Patrizier und Ratsherrn der Stadt Nürnberg, Ratgeber der beiden Kaiser Maximilian I. und Karl V.", als einen Mann, „der in der Besorgung hervorragender Staatsgeschäfte besondere Fähigkeiten zeigte, der sehr vertraut war mit der griechischen und lateinischen Sprache". Mit ihm sind im Johannisfriedhof Mitglieder vieler Nürnberger Patrizierfamilien begraben, die Paumgartner, Holzschuher, Harsdorfer, Tucher, Behaim, Rieter, Stromer, Imhoff und viele andere.

Einen besonderen optischen Akzent auf dem Friedhof setzt die „Müntzer'sche Säule", ein 7 m hohes Grabdenkmal. Im Mittelpunkt des Reliefs steht der Auferstandene mit der Siegesfahne, darüber thront die Dreifaltigkeit. Die Johanniskirche inmitten des Friedhofs, einzige der im Krieg fast unzerstört gebliebenen Nürnberger Kirchen, ist mit ihren Altären, Skulpturen und Glasfenstern ein gotisches Kleinod. Ihr bedeutendstes Kunstwerk ist der 1511–1516 vom Dürerschüler Wolf Traut geschaffene gotische Hochaltar. Die von Hans Behaim d. Ä. errichtete spätgotische Holzschuherkapelle, eine Rundkapelle, birgt mit der Grablegung Christi die letzte der sieben von der Burg zum Friedhof führenden Kreuzwegstationen des Bildhauers Adam Kraft, des Schöpfers des Sakramentshäuschens in St. Lorenz.

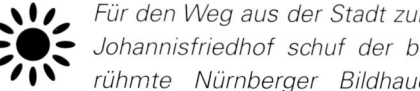 *Für den Weg aus der Stadt zum Johannisfriedhof schuf der berühmte Nürnberger Bildhauer Adam Kraft 1506–1508 sieben Stationen eines* **Kreuzwegs**. *Heute befinden sich Kopien dieser in Stein gemeißelten, figurenreichen Reliefs in der Burgschmietstraße vor den Häusern 6, 12, 18 und 48 sowie am Friedhofseingang. Die Burgschmietstraße beginnt gegenüber dem Tiergärtnertor an der Westseite der Burg. An ihrem Ende geht man geradeaus weiter in die Johannisstraße und zum Friedhof.*

Das Original der Grablegung befindet sich in der Holzschuherkapelle, die übrigen Originale im Germanischen Nationalmuseum in Nürnberg bzw. im Heilig-Geist-Spital (Kreuzigungsgruppe)

Unweit des Johannisfriedhofs können in der Johannisstraße stadteinwärts berühmte ehemalige **Lustgärten** *Nürnberger Patrizier besichtigt werden. Hinter den Häusern Johannisstraße 43–47 der Hesperidengarten, im italienischen Stil gestaltet, und in der Johannisstraße 13 der in der Barockzeiten umgestaltete Garten von Willibald Pirckheimer. Öffnungszeiten: 1. April bis 31. Oktober jeweils von 8.00 Uhr–20.00 Uhr.*

Johannisfriedhof

Der Johannisfriedhof liegt an der Brückenstraße 9.

Öffnungszeiten: April bis Sept.: 7.00–19.00 Uhr, Okt. bis März: 8.00–17.00 Uhr.

Im Friedhof verweisen unauffällige Pfeile aus Metall am Weg, der vom Osteingang (Tor) am Müntzer'schen Grabmal vorbei zur Johanniskirche verläuft, auf die Gräber der bekanntesten Persönlichkeiten. Zudem sind die Grabsteine nummeriert und deshalb auch mithilfe eines entsprechenden Verzeichnisses aufzufinden.

Der Nürnberger Reichswald

Der Blick vom 29 m hohen Aussichtsturm auf dem Schmausenbuck ist überwältigend: Im Westen liegt die Stadt Nürnberg, auf den anderen drei Seiten wogt ein schier unendliches Meer vom Wald, der vor allem gegen Osten und Südosten kein Ende nehmen will. Wie eine kleine Insel ist darin im Südosten Fischbach auszuma-

chen, heute Nürnberger Stadtteil, im Süden schließen sich Altenfurt, Moorenbrunn und die Trabantenstadt Langwasser an – nach dem Krieg neu entstandene bzw. stark ausgeweitete Stadtteile, für die auch Teile des Reichswaldes gerodet wurden.

Der Nürnberger Reichswald hat eine lange und wechselvolle Geschichte. Zu allen Zeiten war er von großer Bedeutung für Nürnberg. Schon im 14. und 15. Jahr-

hundert waren nach und nach immer größere Waldgebiete um Nürnberg samt einem Teil der damit verbundenen Rechte in städtischen Besitz gelangt. So konnte Kaiser Friedrich III. (1452–93) „auf ewige Zeiten und unwiderruflich" bestätigen, dass „Unser und des Reiches Wälder rechts und links der Pegnitz … als Reichslehen bei der Stadt bleiben" sollten. Ihren Namen gaben den beiden Teilen des Reichswaldes die zwei Nürnberger Hauptkirchen, dem Teil rechts der Pegnitz St. Sebald, links der Pegnitz St. Lorenz

Für die Freie Reichsstadt hatten der Lorenzer und Sebalder Reichswald im Mittelalter vor allem eine überragende wirtschaftliche Bedeutung: In den Sandsteinbrüchen wurden die Steine für die großen Bauwerke – Stadtmauer, Kirchen, Patrizierhäuser – gebrochen. Er lieferte Bauholz, Brennholz, Holzkohle für die Handwerks- und Hammerbetriebe, Streu, Wild, Beeren, Baumfrüchte, Pilze und ganz besonders auch Honig als wichtigen Grundstoff für die Herstellung der Nürnberger Lebkuchen.

So wundert es nicht, dass er trotz einer Waldordnung von 1294 bald ausgeplündert, durch übermäßigen Wildbestand geschädigt, aber auch durch Brände vernichtet war. Schon seit 1368 und später immer wieder forstete man deshalb planmäßig auf, vor allem mit schnell wachsenden Kiefern. Trotzdem befand sich der Wald beim Übergang Nürnbergs an Bayern 1806 in einem desolaten Zustand. Die neue Forstverwaltung pflanzte in großem Umfang erneut überwiegend Kiefern nach, und so entstanden die ausgedehnten Monokulturen des „Steckerleswaldes". 1894 wurden sie durch die Raupen

Historischer Sandsteinbruch im Lorenzer Reichswald

des Kiefernspanners großflächig wieder vernichtet. Erneut wurde aufgeforstet – und wieder mit Kiefern.

Zum Flächenlieferanten wurde der Wald im 20. Jahrhundert durch den notwendigen Bau von Verkehrs- und Industrieanlagen und vor allem neuen Stadtrandsiedlungen; dies schon nach dem Ersten, aber besonders nach dem Zweiten Weltkrieg. Der gewaltige Flächenbedarf riss schmerzliche Wunden in das bis dahin geschlossene Waldgebiet. Um dem Einhalt zu gebieten, wurde der Reichswald 1979 als erster Wald in Bayern zum Bannwald erklärt. Seitdem muss jede Rodung staatlich genehmigt werden und darf nur erfolgen, wenn eine Ersatzaufforstung erfolgt. Heute sind von der einstigen Waldfläche von 32.000 ha (um 1800) noch 25.000 übrig.

Ab 1986 wurden aufgrund eines „Reichswaldprogrammes" Millionen junger Laubbäume, vor allem Eichen, Buchen und Linden gepflanzt. Sie bilden heute auf weiten Flächen ein dichtes unteres „Stockwerk" unter den Wipfeln des einstigen Steckerleswaldes, und so ist ein gesunder Mischwald im Entstehen – eine „neue" grüne Lunge Nürnbergs.

Durch seine zahlreichen Seen, Weiher und Feuchtbiotope, durch frei zugängliche aufgelassene Steinbrüche und neue Freizeiteinrichtungen wie den Tiergarten, durch Rad- und Wanderwege und durch zahlreiche schattige Biergärten in den Randorten erhielt der heute noch immer riesige Wald eine zusätzliche Bedeutung als Freizeitraum. Immer wieder begegnet man Denkmälern, Gedenksteinen und Brunnen, und im gesamten Reichswaldgebiet gibt es kaum einen Ort, in dem nicht noch einer oder mehrere Herrensitze oder Patrizierschlösser und mit hervorragenden Kunstschätzen ausgestattete Kirchen stehen. Als gutes Beispiel dafür kann Fischbach gelten.

Das „Pellerschloss", ein ehemaliges Patrizierschloss in Nürnberg-Fischbach

Der Markt Feucht und die Zeidler. *Von großer wirtschaftlicher Bedeutung ist der Nürnberger Reichswald als Lieferant von Honig. Mit einem unermesslichen Reichtum an Bäumen, Sträuchern, Heideflächen und ausgedehnten Sumpfgebieten war er ein idealer Lebens- und Versorgungsraum für die Wildbienen. Üppiges Erlen- und Weidengestrüpp lieferte vor allem frühzeitig im Frühjahr die wichtige Pollentracht.*

Einer der Hauptorte der Honiggewinnung war der heutige Markt Feucht. Seine Lage mitten im Reichswald war Voraussetzung dafür, dass er im Mittelalter zu einem Zentrum der Bienenhaltung und Honiggewinnung wurde. Aus dem Bestreben, Honig und Wachs der Wildbienen zu „ernten," entwickelte sich der Berufsstand der Zeidler. Sie beuteten diese Produkte nicht nur aus, sondern „veredelten" sie auch und wurden durch den Handel mit ihnen reich und angesehen. Denn Honig war und ist ein wichtiger Rohstoff bei der Herstellung der berühmten Nürnberger Lebkuchen. Nur durch den Honig, der im Reichwald gewonnen wurde, konnte die Lebkuchenbäckerei ein wichtiger Nürnberger Wirtschaftszweig werden.

Deswegen waren die Zeidler sehr angesehen und hatten eine herausragende gesellschaftliche Stellung. Sie schlossen sich zu Zünften zusammen, wählten ihren eigenen Zunftmeister, den Zeidelmeister, und hatten nachweislich bereits ab 1296 sogar eine eigene Gerichtsbarkeit. In einem „Zeidel Fryheit Brieff" von 1350 bestätigte diese Kaiser Karl IV. schriftlich. Als äußeres Zeichen dieser Privilegierung führten die Zunftmeister einen weißen Stab, und jeder Zeidler erhielt die Erlaubnis zum Tragen einer Armbrust. Bekleidet waren sie mit einer grünen Tracht und einer langen Zipfelmütze. So zeigt sie auch das Wappen am Rathaus in Feucht.

Das stattliche Gebäude des Rathauses mit einem Sockel aus Sandsteinquadern und einem Fachwerkaufbau geht auf das 17. Jahrhundert zurück, wurde im Krieg zerstört und bald danach wieder aufgebaut. Auf die einstige Bedeutung des Ortes weisen in Feucht heute auch noch drei ehemalige Herrensitze Nürnberger Patrizier hin. Am Mittleren Zeidlerweg liegt das Zeidlerschloss. Neu erbaut wurde es um 1556 in der Art des typischen Nürnberger Weiherhauses: Der turmartige Sandsteinquaderbau mit seinem Walmdach war von Wasser umgeben und nur über eine Zugbrücke zu erreichen. Seit 1976 im Eigentum des Marktes, wird das Schloss heute für Kammermusikabende und andere kulturelle Veranstaltungen genützt. In seiner Nähe steht das ehemalige Zeidelgericht, ein Gebäude vom Anfang des 18. Jahrhunderts. In der Hauptstraße 70 befindet sich das Tucherschloss, ein dreigeschossiger Quaderbau mit einem Satteldach und einem an der Rückseite angebauten Treppen-

turm. Es stammt aus dem Jahr 1590, wurde aber danach mehrmals umgebaut. Das Pfinzingschloss in der Pfinzingstraße 10, ein großer Quaderbau mit einem Satteldach aus dem Ende des 16. Jahrhunderts, erkennbar an seinen vier Ecktürmchen, gehört ebenfalls dem Markt Feucht.

Das Zeidel-Museum in der Pfinzingstr. 6, ein Fachwerkhaus aus dem Jahre 1709, war ursprünglich ein Bauernhaus. Es informiert über Geschichte der Zeidlerei und des Berufstandes der Zeidler.

Wandertour im Lorenzer Reichswald

Etwa 50 m links vom Eingangstor des Nürnberger Tiergartens (Endstation der Straßenbahnlinie 5) beginnt eine Blaustrichmarkierung des Fränkischen Albvereins. Sie führt, vorbei an historischen Sandsteinbrüchen, hinauf zum Aussichtsturm auf dem Schmausenbuck und immer in gleicher (=Ost-) Richtung weiter, bis nach etwa 3 km ein mit Blaupunkt markierter Weg kreuzt. Auf diesem rechts und, immer in südlicher Hauptrichtung, abwärts nach Fischbach (weitere 4 km). In Fischbach beim Pellerschloss geht es in den Eisweiherweg und mit der Blaukreuzmarkierung bald wieder in den Wald. Nach etwa 4 km (ab Fischbach) quert nach einer kleinen Brücke ein Teer(!)sträßchen. Hier mit der grünen Markierung 2 und 3 schräg links gegenüber weiter zum Valznerweiher. Dort beim Kinderspielplatz mit 1/2/3 rechts (=Ulmenweg, Walderlebnispfad) zum Tiergarten (von Fischbach aus gut 7 km). Gesamtweg etwa 11 km.

Feucht

Zeidel-Museum, Pfinzigstraße 6, Tel. 09128/12184

Öffnungszeiten: So 13.30–17.30 Uhr und nach Vereinbarung unter Tel. 09128-12184.

37 | Schwarzachschlucht und Brückkanal

Früher zogen die Nürnberger an schönen Sommertagen in Scharen zu Fuß hinaus zum „Brückkanal", heute zeugen dort volle Parkplätze von dessen Beliebtheit. Es liegt nicht allein am Biergarten, wohl einem der schönsten in der Umgebung von Nürnberg. Auch ein Bauwerk besonderer Art zog die Ausflügler an und fasziniert noch heute: Die gewaltige Brücke, auf welcher der Ludwig-Donau-Main-Kanal hier über die Schlucht der Schwarzach geführt wird, ein eindrucksvolles technisches Bauwerk, erbaut unter König Ludwig I. von Bayern 1839–45. Sie ist eine der insgesamt zehn Trogbrücken, auf denen der Ludwigskanal Flüsse, Straßen und Einschnitte überquerte. Heute sind außer dem Brückkanal über die Schwarzach nur mehr der etwa 2 km weiter westlich liegende über den Gauchsbach beim Schloss Kugelhammer und eine kleinere Brücke über eine Straße bei Beilngries erhalten.

Der Schwarzach-Brückkanal gilt als größte technische Meisterleistung des gesamten Kanalprojekts. Die insgesamt 90 m lange Konstruktion aus verfugten Sandsteinquadern überspannt das Schwarzachtal mit einem Bogen von 14,60 m Spannweite. Architektonisch orientierte sich sein Erbauer, der königliche Baurat Heinrich Freiherr von Pechmann, an den römischen Aquädukten.

Dieser Brückkanal brachte jedoch auch den größten Rückschlag des Kanalprojekts, denn kurz nach der Fertigstellung musste er 1844 nach einigen Reparaturversuchen fast vollständig abgetragen werden. Die Ursache: Man hatte beim Bau den Raum zwischen den Außenmauern mit toniger

Ludwigskanal auf der Kanalbrücke über die Schwarzach (Brückkanal)

„Gotische Halle" in der Kanalbrücke über die Schwarzach

Erde und Sand verfüllt, die beim Ausgraben des Kanals anfielen. Doch schon bei der ersten Wasserung 1843 quoll diese Füllung auf und drohte, die Außenmauern zu sprengen. Als man dann die Brücke auf den alten Fundamenten wieder aufbaute, ließ man die Außenschale nach Art gotischer Kathedralen in Spitzgewölben auslaufen, sodass der Innenraum hohl bleiben konnte. Während so auf der Nordseite ein kleiner Raum mit nur einem Spitzbogen entstand, erinnert die große Halle auf der Südseite geradezu an eine gotische Kathedrale.

Heute zieht aber auch ein Wunderwerk der Natur die Menschen magisch hierher: Tief unter der Kanalbrücke fließt die Schwarzach durch eine beeindruckende Schlucht. Diesen Weg schuf sie sich vor etwa 1,5 Millionen Jahren. In langen Zeiträumen arbeitete sie sich durch den Burgsandstein, der schon im Erdmittelalter vor etwa 215 Millionen Jahren hier entstand. Damals beförderten Flüsse Gesteinsschutt und Sand in großen Mengen aus umliegenden Gebirgen herab und lagerten sie am Rande eines großen und flachen kontinentalen Beckens ab, des „Germanischen Beckens". Diese Gerölle wurden miteinander „verbacken" und verfestigten sich im Laufe von Jahrmillionen unter dem Druck darüber liegender Schichten zu dem für Nürnberg charakteristischen Stein, der seinen Namen „Burgsandstein" davon hat, dass er im Mittelalter bevorzugtes Baumaterial für Burgen war.

Da die Schwarzach ein großes Gefälle hatte, war auch ihre Erosionskraft sehr groß. Und so konnte sie sich in den Sandstein eingraben. Dadurch entstanden die beeindruckenden Felswände, die heute zwischen dem Brückkanal und Gsteinach ihre Ufer säumen. Im Laufe der Jahrtausende schliffen sie die tosenden Wassermassen auch seitlich aus. So entstanden die Höhlen, Felsüberhänge und Felsentore. Die bekanntesten sind die Karlshöhle und die Gustav-Adolf-Höhle, in welcher der Schwedenkönig 1632 nach einem siegreichen Gefecht einen Feldgottesdienst gefeiert haben soll.

Ein Gang durch die Kluft mit den farbenprächtigen Sandsteinschichten der glatt geschliffenen Felsen und Felsstürze, der Hangrutschungen und Quellen – eine davon entspringt sogar in einer der Höh-

Die Gustav-Adolf-Höhle in der Schwarzachklamm

len – ist ein außerordentliches Naturerlebnis. Aufgrund einer besonderen kleinklimatischen Situation in der Klamm bildete sich hier eine artenreiche Vegetation heraus. Seltene Moose und Farne sowie zahlreiche Baumarten wie Ahorn, Esche, Erle, Ulme und Linde finden in der kühlfeuchten Umgebung ideale Wuchsbedingungen und bilden zusammen mit dem Totholz zahlreicher umgestürzter Bäume und artenreichen Kleinlebewesen eine ökologisch hochwertige Lebensgemeinschaft.

Durch die Schlucht führt vom Brückkanal aus ein romantischer Pfad den Fluss entlang. Damit er gefahrlos zu begehen ist, verläuft er stellenweise sogar auf einem Steg. Schon seit 1938 steht die Klamm unter Naturschutz.

Die Schönheit der Schwarzachklamm kann man nur zu Fuß entdecken. Der Fränkische Albverein hilft dabei: Am Eingang zum Biergarten beim Brückkanal findet man eine Blaukreuz-Markierung. Sie führt durch den Biergarten und bald danach auf einem Pfad abwärts in die Schlucht und unten

den Fluss entlang, an einer Stelle kurz hinauf und hinunter, dann vorbei an der Karlshöhle und der Gustav-Adolf-Höhle. Am Ende der eigentlichen Schlucht kann man auf dem gleichen Weg zurückgehen oder mit dem Blaukreuz durch die reizvolle Talaue weiterwandern bis nach Schwarzenbruck. Dort verlässt man den markierten Weg, geht rechts über die Schwarzachbrücke und auf dem Sträßchen hinauf zum Ludwigskanal, dort rechts auf einen der beiden Treidelwege und auf ihm zurück zur Kanalbrücke. Die Weglänge beträgt knapp 8 km.

Brückkanal

Der „Brückkanal" (Kanalbrücke) über die Schwarzachschlucht liegt am südlichen Ortsrand des Marktes Feucht bei Nürnberg. Dorthin mit dem Auto von der Ausfahrt Feucht der A9 kurz in Richtung Schwarzenbruck – Neumarkt (B8), dann rechts in Richtung Gsteinach und mit einem unauffälligen Wegweiser auf einem Sträßchen in den Wald zum Parkplatz am Brückkanal (Biergarten).

In anderen Gebieten Bayerns würde man ein solches Naturparadies wohl eher erwarten, aber hier im Süden von Nürnberg, inmitten eines Gewirrs von Autobahnen, ist man überrascht: In einem einsamen und romantischen Waldgebiet liegen kleine Seen, umgeben von steilen Hängen und schroffen Felswänden, und der durch Jahrhunderte von menschlicher Arbeit tief durchfurchte Waldboden ist mit großen Steinblöcken übersät, ganz sich selbst überlassen und urwaldähnlich mit einer vielfältigen Flora überwuchert.

Jahrhunderte lang wurde hier auf dem Bergrücken zwischen Wendelstein und Worzeldorf Stein abgebaut, hauptsächlich der weiche rötliche Sandstein, ein ideales Baumaterial. Dafür herrschte in der mittelalterlichen Reichstadt Nürnberg und ihrer Umgebung durch viele Jahrhunderte ein schier unbegrenzter Bedarf – für den Bau der Burg und der mächtigen Stadtmauer, der Kirchen, der Häuser der reichen Bürger, der Patrizierschlösser. Noch heute gibt dieser Stein der Stadt und den Orten im Umland ihr unverwechselbares Gesicht. Das große Ausmaß des Steinabbaus und damit seine wirtschaftliche Bedeutung kann man erahnen, wenn man das ehemalige Steinbruchgebiet durchwandert; seine Spuren nehmen schier kein Ende. Im Lauf der Jahrhunderte wurden nach und nach immer mehr Steinbrüche erschlossen. Die Stadt Nürnberg regelte den Abbau durch eine Bergordnung und ab 1546 durch ein Berggericht, das für die Einhaltung der Bergordnung verantwortlich war. Die „Gmeiner" mussten sich die Rechte der Steinbruchnutzung erkaufen –

für die Stadt eine sicher nicht unerhebliche Einnahmequelle.

Einer der ehemaligen Steinbrüche im Lorenzer Reichswald nordwestlich von Wendelstein ist das heute besonders romantische „Wernloch". Mit primitiven Werkzeugen wurde hier in mühsamer Handarbeit der Sandstein in großen Quadern aus der Wand gelöst, in kleinere Blöcke zerlegt, mithilfe von Holzkränen und auf Rollen aus dem Steinbruch geschafft und auf Fuhrwerken in die Stadt transportiert. Noch heute kann man die damaligen Transportwege an den Rillen erkennen, welche die mit Eisen beschlagenen Reifen der schwer mit Steinen beladenen Wagen in die Steinpflaster eingeschliffen haben.

Erst durch den Bau des Ludwigskanals in den Jahren 1836–1846, welcher unweit

Im „Wernloch" bei Wendelstein

Spuren des Steinabbaus am „Staabrüchla", einer alten Steinbrechersiedlung

der Brüche vorbeiführt, wurde der Transport wesentlich erleichtert. Nun mussten die Fuhrleute die Blöcke nur mehr bis zu den Kanalhäfen von Worzeldorf oder Wendelstein bringen. Dort wurden sie zum Weitertransport auf die Lastkähne verladen. Als Beton den Sandstein als Baumaterial ablöste, hatte bald die letzte Stunde des Steinabbaus geschlagen. Die Brüche wurden aufgegeben, die Natur holte sich langsam ihr Terrain zurück und entwickelte es zum Paradies.

Auch an einem anderen Ort im ehemaligen Steinbruchgebiet scheint die Zeit vollends stehen geblieben zu sein: Ganz nahe an der Autobahn und doch abgelegen und ruhig liegt das „Staabrüchla". Schon 1302 wurde der Ort urkundlich als Steinbrechersiedlung erwähnt. Bis 1640 stand hier ein einziges Haus. Später kamen das Wirtshaus und Ställe für die Pferde dazu, welche die Fuhrwerke mit den schweren Sandsteinquadern aus den Brüchen ziehen mussten. Auch hier sind die Spuren der ehemaligen Abbaustellen im

Wald noch deutlich erkennbar. Heute ist das Steinbrüchlein ein beliebtes Ausflugsziel. Rad- und Wanderwege im weitläufigen Reichswald laden zur sportlichen Betätigung und die noch immer urige Gastwirtschaft zur zünftigen Einkehr ein.

Wendelstein

Ehemaliger Steinbruch Wernloch

Von Wendelstein führt ein mit Gelbstrich markierter Wanderweg in etwa 20 Min. zum Wernloch. Beginn der Markierung am Ludwigskanal an der Abzweigung der Oberen Kanalstraße und der Straße Am Alten Bahnhof von der Nürnberger Straße. Vom Wernloch führt die Gelbstrich-Markierung weiter bis zum Steinbrüchlein. Dorthin von Wendelstein (etwa 5 km).

Möglicher Rückweg: Mit der Markierung Grünpunkt, später Rotpunkt zum Ludwigskanal bei Worzeldorf und auf dem Kanalweg zurück nach Wendelstein (etwa 7 km).

39 | Die Marienkirche in Katzwang

An 26. März 1979 kam es an einem bereits gefluteten Teilstück der Neubaustrecke des Main-Donau-Kanals Nürnberg-Roth zu einem folgenschweren Unfall. Auf einer Länge von etwa 15 m brach die Kanalwand, und eine Flutwelle von Hunderttausenden m³ Wasser aus dem Kanalbett bahnte sich, eine breite Spur von Zerstörungen hinterlassend, ihren Weg durch den Ort Katzwang in das etwa 25 m unterhalb des Kanals befindliche Rednitztal zum tiefsten Punkt, dem ehemaligen Friedhofsbereich mit Kirche, Karner, Pfarr- und Gemeindehaus. Bis zu einem Meter Höhe überschwemmte das Wasser den Boden der evangelisch-lutherischen Kirche zu „Unserer Lieben Frauen", deren Kunstwerke damit aufs Höchste gefähr-

det waren. Der Schrein des spätgotischen Leonhardaltars stand schon einige Zentimeter unter Wasser, zu dem des etwas höher stehenden Marienaltars, des Hauptkunstwerkes der Kirche, fehlten nur mehr wenige Zentimeter. Wie durch ein Wunder entstand an ihm kein größerer Schaden. Doch insgesamt waren die Schäden am Bau und an den Kunstwerken sehr groß und machten eine Renovierung der Kirche und ihrer Ausstattung notwendig

Dem, der sich diesem aus heimischem Sandstein erbauten Gotteshaus über die Rednitzbrücke nähert, zeigt sich sein wehrhafter Charakter am besten. Mit dem massigen Turm, den wuchtigen Mauern, dem spärlichen äußeren Schmuck und den kleinen Fensteröffnungen offenbart

Die Marienkirche in Katzwang an einer alten Furt über die Rednitz

Fresko des hl. Christophorus, des Patrons der Reisenden, am Chorbogen der Marienkirche

es sich als Kern einer mauerumgürteten Wehranlage, die schon zur Zeit der ersten Erwähnung 1287 die Furt über die Rednitz bewachte. Hier querte im Mittelalter die „Rennstraße" von Nürnberg nach Roth den Fluss, eine Wegführung für Reiter, Wallfahrer und andere Reisende, die zu Fuß unterwegs waren. Bei der Renovierung wurden neben anderen zum großen Teil aus dem 15. Jahrhundert stammenden Fresken auch zwei Darstellungen des hl. Christophorus, des Patrons der Fährleute und Reisenden, frei gelegt. Sie bezeugen, dass hier einst viele Menschen vorbeikamen. Nicht selten mag für sie dieses Gotteshaus Ort des Gebetes und – besonders zu Zeiten von Hochwasser – der Bitte um sicheres Geleit durch die Fluten gewesen sein.

Glanzstück der Kirche ist der spätgotische Marienaltar von 1498 im gotischen Chor. Bei aufgeklappten Flügeln zeigt er seine „Festtagsseite": Im Mittelschrein steht, umgeben von einem Strahlenkranz,

den abnehmenden Mond zu ihren Füßen, hoheitsvoll und doch mild, Maria als Patronin der Kirche mit dem Kind auf dem Arm. Zwei Engel unter dem Gesprenge halten ihre Krone, zwei andere knien verehrend zu ihren Füßen. Diese Statue, eine Nurnberger Arbeit, ist etwa 60 Jahre älter als der Altar. Sie wurde wohl als hoch verehrtes Gnadenbild in die Neuschöpfung des Altars übernommen, als den Katzwangern oder dem Abt von Ebrach, dem Besitzer des Ortes, der Vorgängeraltar nicht mehr groß genug oder zu wenig zeitgemäß erschien. Der Kirchenpatronin zugeordnet sind in den Flügeln des Schreins die Reliefs der Verkündigung und der Geburt Jesu, der Anbetung der Könige und der Darstellung im Tempel. In die Predella eingefügt ist ein Relief des Marientods, flankiert von den beiden Gemälden der Apostel vor dem Haus Marias und dem Marientod.

Bei geschlossenen Flügeln zeigen auf der „Werktagsseite" des Altars die Gemälde neben Ereignissen aus der Kindheit

128

Jesu aus apokryphen Evangelien auch die biblischen Szenen der Verkündigung und des Besuchs Marias bei Elisabeth, in denen sich das Können des Malers ganz besonders manifestiert.

Der Altar wurde 1498 vom Nürnberger Künstler Hans Traut dem Jüngeren geschaffen. Traut, der 1491 in Nürnberg das Bürgerrecht erhielt, trat in Konkurrenz zum berühmteren Michael Wolgemut, dem Lehrer Albrecht Dürers, wirkte aber mehr in der Umgebung der Reichsstadt, z.B. in Schwabach, Heilsbronn und Langenzenn.

Auffallend ist, dass gerade in den evangelischen Kirchen rund um Nürnberg, wie hier in Katzwang, zahlreiche hochwertige Gemälde, Statuen und Altäre aus der Zeit der Spätgotik erhalten sind. Im Gegensatz zu den Gegenden, in welche die Lehre Calvins und Zwinglis Einzug gehalten hatte, gab es hier in der Freien Reichsstadt Nürnberg, das die Lehre Luthers angenommen hatte, keinen Bildersturm. In der Stadt, in der in den hundert Jahren vor der Reformation die größten Künstler der damaligen Zeit wirkten, war man ohnehin geistig offener als anderswo und selbstbewusst genug, deren Kunstwerke, oft wahre Kleinodien spätgotischer Kunst, zu schätzen. Seit Albrecht Dürer sah man die Kunst auch nicht mehr nur in ihrer religiösen Funktion, sondern lernte ebenso den Wert der Kunstwerke an sich schätzen. Und nicht zuletzt sorgten auch die Stifter dieser Kunstwerke – oft selbstbewusste Patrizier – für ihren Erhalt.

So wundert es nicht, dass die auf romanische Zeit zurückgehende, später gotisch veränderte Katzwanger Kirche auch mit weiteren hervorragenden Kunstwerken ausgestattet ist. Das überlebensgroße Kruzifix des Nürnberger Steinbildhauers Veit Wirsberger über der Kanzel aus dem Jahr 1519 steht dem Marienaltar an künstlerischer Qualität nicht viel nach. Das Sakramentshaus ist eine vereinfachte und verkleinerte Wiederholung des Sakramentshauses in St. Lorenz in Nürnberg. 1518 wurden Veit Wirsberger und Hans Behaim damit beauftragt. Über dem polygonalen Pfeiler, der es trägt, erhebt sich der viereckige Schrein mit den Figuren der Verkündigung und der beiden Johannes – des Täufers und des Evangelisten – an den Ecken. Die Reliefs über den Schreingittern zeigen den Abschied Jesu von seiner Mutter, Jesus am Ölberg und seine Gefangennahme; die Krönung des Werkes bildet der Gekreuzigte mit Maria, Johannes und der knienden Maria Magdalena. In einer eingerollten Fiale läuft das Kunstwerk aus.

In der Nische links vom Chor befindet sich der Leonhardaltar, ein kleiner spätgotischer Flügelaltar um 1480. Leonhard, der Patron der Gefangenen, ist links flankiert von einem im Stock Gefangenen, der ihn um Hilfe anfleht, und einem Relief der heiligen Dorothea, rechts vom Stifter des Altars mit einem Pilgerhut und dem Relief der heiligen Barbara.

Katzwang

Katzwang, ein Stadtteil von Nürnberg, liegt im Süden der Stadt an der Rednitz und grenzt seinerseits im Süden an die Stadt Schwabach an. Es ist auch mit öffentlichen Verkehrsmitteln gut erreichbar: Entweder fährt man mit der S3 von Nürnberg Hbf. oder vom Bahnhof Schwabach zur Haltestelle Katzwang und macht von dort einen 20-minütigen Spaziergang durch den Rednitzgrund, oder man fährt mit der U2 zur Endstation Nürnberg/Röthenbach und von dort mit dem Bus 62 in die Ortsmitte von Katzwang.

Die Marienkirche ist in der Regel tagsüber geöffnet.

40 | Auf dem mittelfränkischen Jakobsweg von Roßtal nach Heilsbronn

Als 1992 der evangelische Pfarrer von Heilsbronn, Paul Geißendörfer, den Jakobsweg von Nürnberg nach Rothenburg der Vergessenheit entriss und ihn als „geistlichen Wanderpfad" neu belebte, ahnte er wohl nicht, dass er damit dank der ungeheuren öffentlichen Resonanz eine Welle der Wiederbelebung der alten Jakobswege auslösen sollte. Plötzlich wurde in Deutschland und darüber hinaus eine Vielzahl dieser alten Pilgerwege auf „modernen" Routen „reaktiviert" – auf Feld- und Waldwegen, aber auch auf noch vorhandenen, zum Teil sehr alten Fußpfaden. Orientierung boten dabei Jakobskirchen, Wallfahrtsorte, Klöster und sonstige Orte von religiöser Bedeutung entlang des Weges. Inzwischen überziehen die „neuen" Jakobswege, die sich an den historischen Routen orientieren, netzförmig

Marktplatz und St. Laurentiuskirche in Roßtal

Romanische Krypta der Kirche

wieder ganz Mittel- und Westeuropa. Sie alle laufen sternenförmig auf das eine Ziel zu: das Grab des Apostels Jakobus in Santiago de Compostela. Als Tagesetappe auf dem mittelfränkischen Jakobsweg bietet sich die Strecke von Roßtal nach Heilsbronn an. Die Punkte, an denen sich der „moderne" Wegverlauf orientiert, sind die Kirchen in Roßtal und in Bürglein und nicht zuletzt das Münster in Heilsbronn.

Die Wanderung könnte im historischen Ortskern von Roßtal beginnen, wo man am Marktplatz auf die Jakobsmuschel trifft, das Wegzeichen für alle Jakobswege. Das Aussehen des Marktes prägen wesentlich stattliche, zum Teil sehr alte Fachwerkhäuser: zwei Pfarrhäuser, das Mesnerhaus, das ehemalige Schloss, das Torhaus der Kirchenbefestigung, das Brunnenhäuschen, Bürgerhäuser und Scheunen.

Im Zentrum des Marktes steht die evangelische Pfarrkirche St. Laurentius. Das von einer Holztonne überwölbte Schiff der ursprünglich frühromanischen, später aber mehrmals veränderten Kirche ist von schlichter Würde. Aus dem 15. Jahrhundert, also aus der vorreformatorischen Zeit, stammen der Taufstein und die Skulptur des Kirchenpatrons an der rechten Chorwand, aus der Zeit nach der Reformation der schlichte Hochaltar mit einer frei stehenden Kreuzigungsgruppe, ein religionsgeschichtlich interessantes Bekenntnisbild an der Südwand und auch die meisten der zahlreichen Grabmäler und Epitaphien. 1627 wurden die zweigeschossige Empore und wohl auch die Sandsteinkanzel eingebaut.

Die Treppenstufen unter der Kanzel führen hinab in die Hallenkrypta aus dem frühen 11. Jahrhundert, die zu den ältesten Bauwerken in Franken zählt. Zwölf gedrungene Pfeiler tragen ihr starkes Gewölbe. Von den ursprünglich drei Apsiden ist nur die mittlere erhalten.

Münster Heilsbronn – Blick zum Westchor

In den vergangenen Jahrzehnten wurden im Bereich des historischen Ortskerns um die Kirche, der „urbs horsadal" aus karolingischer Zeit, zahlreiche Grabungen durchgeführt. Ihre Ergebnisse sind auf den neun Tafeln des archäologischen Rundweges aufbereitet. Die Texte und Rekonstruktionszeichnungen vermitteln einen anschaulichen Einblick in die Ortsgeschichte.

Ungefähr auf halbem Weg liegt der Ort Bürglein mit schönen Fachwerkhäusern. Inmitten eines alten Wehrfriedhofes steht erhöht die Kirche St. Johannes der Täufer. Ihr Turm, der im 18. Jahrhundert sein Fachwerk-Obergeschoss erhielt, geht im Kern noch auf das 13. Jahrhundert zurück. 1725/26 wurde ihr Langhaus weitgehend

neu errichtet und in der Art markgräflich-ansbachischer Predigtkirchen ausgestattet. Sehenswert sind die spätgotischen Schnitzfiguren der Madonna und der vier Evangelisten

Ziel und Höhepunkt der Tagesetappe ist Heilsbronn mit seinem romanisch-gotischen Münster, eine der außergewöhnlichsten Kirchen Frankens. Es war der Mittelpunkt des Zisterzienserklosters „Halesprunnen", das 1132 Bischof Otto I. von Bamberg stiftete und das bald zu großer wirtschaftlicher und kulturgeschichtlicher Bedeutung gelangte. Zahlreiche Grabdenkmäler im Westchor zeugen davon, dass viele fränkische Adelsfamilien zu den Förderern Heilsbronns zählten.

Seit der 1. Hälfte des 14. Jahrhunderts waren die fränkischen Hohenzollern Vögte des Klosters, die fortan das Münster zu ihrer Grablege erwählten. Markgraf Georg der Fromme führte 1528, bald nach seinem Regierungsantritt, auch in Heilsbronn die evangelische Kirchenordnung ein. 1578, nach dem Tod des letzten Abtes Melchior Wunder, fiel das Kloster mit allen Besitzungen endgültig an die Markgrafen von Ansbach. Heilsbronn wurde eigener Verwaltungs- und Gerichtsbezirk und blieb es bis zum Ende des Fürstentums im Jahr 1806. 1581 wandelte Markgraf Georg Friedrich die Klosterschule in eine Fürstenschule um.

Die erste, romanische Klosterkirche wurde von 1132–1139 erbaut; von ihr sind noch das Mittelschiff, das nördliche Seitenschiff, das Querschiff und der westliche Teil des Ostchores erhalten. Es folgten bald Erweiterungen und Umbauten. Im 14. Jahrhundert wurde der Westchor, die so genannte „Ritterkapelle" erbaut, 1412–33 das südliche Seitenschiff zum zweischiffigen Mortuarium umgebaut. Mehr als 500 Adelige sind hier begraben.

Nicht zu Unrecht erhielt das Münster schon am Ende des Mittelalters die Bezeichnung „Schatzkammer der fränkischen Ritter". Von der damaligen Ausstattung ist noch sehr viel erhalten, darunter in erster Linie die qualitätvollen gotischen Altäre vorwiegend Nürnberger Künstler, das Sakramentshaus (1515) und eine Pieta (um 1510) im Chor sowie zahlreiche weitere Skulpturen und Tafelbilder. In kaum einer anderen Kirche in Franken begegnet der Besucher einer so vielfältigen, von tiefer Religiosität geprägten christlichen Kunst.

Von der ehemaligen Klosteranlage sind nur noch einzelne Gebäude vorhanden. Nicht mehr erhalten ist der ehemalige Kreuzgang, der sich im Norden an die Kirche anschloss. Das Refektorium (Kirch-

Heilsbronn – Katharinenturm

platz 2), heute evangelischer Gemeindesaal, ein ungeteilter Raum mit spätgotischen Kreuzrippengewölben, wird auf 1239 datiert und ist das einzige vollständig erhaltene Klostergebäude. Der zweigeschossige Hauptbau der Neuen Abtei (Abteigasse 2) entstand gleichzeitig mit dem Anbau des Ostchors der Kirche in der 2. Hälfte des 13. Jahrhunderts. Die hochwertige Ausstattung der spätgotischen Innenräume – der Eingangshalle, des „Kaiserzimmers", des „Markgrafenzimmers" sowie der ehemaligen Gemächer und der Privatkapelle des Abtes – ist weitgehend noch erhalten. Heute ist darin das Katechetische Amt der Evangelischen Kirche in Bayern untergebracht.

Das Klosteramts-Verwalterhaus in Heilsbronn

Auch in der Stadt sind noch mehrere, zum Teil sehr alte, in späteren Jahrhunderten jedoch meist umgebaute Häuser erhalten, die zum größten Teil im Zusammenhang mit dem Kloster entstanden. Dazu gehören unter anderen die Alte Abtei (Hauptstraße 4), das Klosteramtsverwalterhaus (Markplatz 7–11) und die ehemalige Klostermühle (Mühlgasse 9/11). Der Katharinenturm in der Hauptstraße ruht auf Resten der im 14. Jahrhundert erbauten Katharinenkirche. 1777 wurde er zum viergeschossigen Turm umgebaut und erhielt ein Pyramidendach mit Haube und Laterne. Die auffällige, etwas versteckte Spitalkapelle (Spitalgasse 6) wurde im 13. Jahrhundert erbaut. Nach dem Verkauf des nicht mehr benötigten Gotteshauses 1708 riss der neue Besitzer, ein Schneidermeister, das gesamte schon schadhafte Obergeschoss ab und baute auf das noch brauchbare Mauerwerk das interessante Fachwerkgebäude.

Interessant ist, welcher Entwicklung und welchem Bedeutungswandel der Kloster- und spätere Stadtname „Heilsbronn" im Lauf der Jahrhunderte unterlag. Schon zur Klosterzeit wandelte er sich vom ursprünglichen „Halesprunn" oder „Haholdesprunn" allmählich zu „Halsbrunn". Die Mönche latinisierten den Namen zu „fons salutis", Quelle des Heils, ein Ausdruck dafür, dass ihr Kloster eine Quelle des Seelenheils für das umliegende Land sein sollte. Aber das wurde durchaus nicht von jedem in diesem spirituellen Sinn verstanden und so war es bis zum Wandel der Bedeutung hin zur Heilquelle kein großer Schritt. Diese irrige Auslegung führte ab etwa 1730 tatsächlich mehrere Jahrzehnte lang zu einem regen Bade- und Kurbetrieb mit Heilsbronner Brunnenwasser, das angeblich gegen alle damals bekannten Krankheiten „hülfreich" war.

Geistig jedoch wird dieses ehemalige Kloster mit seiner Kirche dem Namen

„Heilsbronn", den es der Stadt gegeben hat, bis heute gerecht: Seine reiche religiöse Geschichte und vor allem seine durch die einzigartigen Kunstwerke besonders dichte Atmosphäre vermögen den Besucher unwillkürlich in ihren Bann zu ziehen und dadurch beizutragen zu seinem inneren Wohlbefinden, zu seiner seelischen „Wellness". Und vor allem der Jakobspilger wird diesen Ort innerlich bereichert verlassen und seinen Weg gestärkt fortsetzen.

Die ehemalige „Spitalkapelle" in Heilsbronn

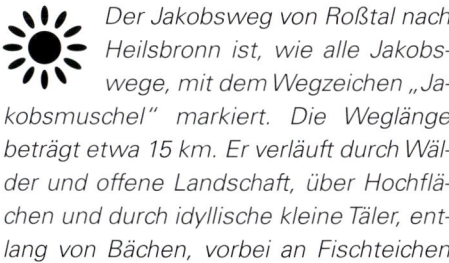 *Der Jakobsweg von Roßtal nach Heilsbronn ist, wie alle Jakobswege, mit dem Wegzeichen „Jakobsmuschel" markiert. Die Weglänge beträgt etwa 15 km. Er verläuft durch Wälder und offene Landschaft, über Hochflächen und durch idyllische kleine Täler, entlang von Bächen, vorbei an Fischteichen und durch freundliche fränkische Dörfer und bietet viel Abwechslung.*
Wegverlauf: Vom Marktplatz in Roßtal den Zinkenbuck abwärts in die Pelzleinstraße. Kurz vor dem Ortsende in der beginnenden Kurve geradeaus in die Fernabrünster Straße und weiter nach Fernabrünst. Dort nach dem Ortsbeginn links in die Straße Am Röthlein und an ihrem Ende geradeaus weiter. Etwa 1 km nach Fernabrünst auf den rechts abzweigenden Weg zum Wald. Den Waldrand entlang nach Wendsdorf, durch den Ort und wieder auf die Hochfläche. An einem Feld, das den Weg „versperrt", zuerst links, dann rechts vorbei. Bald bei einer Hütte am Waldrand links und durch einen Hohlweg hinab nach Bürglein. Dort auf der Großhabersdorfer Straße in Richtung Böllingsdorf, das mit Bürglein zusammengebaut ist, aber kurz vor der Ortstafel von Böllingsdorf rechts in die Straße „Am Kettelbach". Im Tal des Kettelbaches längere Zeit aufwärts, bis der Weg in eine querende Straße einmündet. Auf dieser links, aber auf der anderen Talseite gleich wieder rechts aufwärts in den Wald. Auf dem gewundenen Pfad ziemlich lange durch den Wald und erncut abwärts in das Tal des Kettelbaches. Bald gesellt sich zu der Muschel des Jakobsweges auch der Grünstrich. Beide Markierungen führen bis Heilsbronn.

Jakobsweg Roßtal–Heilsbronn

Von Heilsbronn besteht mit der S-Bahn Rückfahrmöglichkeit zu den Bahnhöfen Roßtal und Roßtal-Wegbrücke.

Das Heilsbronner Münster ist von Palmsonntag bis zum 31. Okt. täglich 10.00–17.30 Uhr geöffnet, im Nov., Dez. und März an allen Tagen außer Di von 10.00–16.00 Uhr. Im Jan./Febr. geschlossen.

41 | Abenberg – Burg, Stadt, Kloster

Aus allen Richtungen ist die um 1050 erbaute eindrucksvolle Burg der Grafen von Abenberg ein markanter Blickfang. Dieser exponierten Lage auf einer 457 m hohen Erhebung im südlichen Mittelfranken entspricht ihre Bedeutung. Denn schon im 12. Jahrhundert hatten die Abenberger als Grafen des Radenz- und Rangaues, als Schutzvögte des Hochstifts Bamberg und des Klosters Banz und als Inhaber hoher geistlicher Ämter großen Einfluss. Ihrem Geschlecht entstammt auch die Patronin der Stadt, die Grafentochter Stilla, die im

Die selige Stilla von Abenberg. Denkmal des Nürnberger Künstlers Hans Schorer auf dem Marktplatz der Stadt.

12. Jahrhundert lebte. Sie durchbrach die Grenzen ihres Standes und führte ein zurückgezogenes, frommes und mildtätiges Leben in klosterähnlicher Form. Heute würde sie wohl als Aussteigerin gelten. Schon bald nach ihrem Tod wurde sie als Selige verehrt.

Nach dem Erlöschen der männlichen Linie um 1200 kam die Abenberger Burg an die Burggrafen von Nürnberg, 1296 erwarb sie der Eichstätter Bischof Reinboto von Meilenhart. Er ließ sie ausbauen und befestigte im 13. Jahrhundert Burg und Ort mit einer gemeinsamen Wehrmauer. Diese umschrieb annähernd ein Dreieck, dessen Spitze die Burg bildete. Ihr Verlauf ist noch heute deutlich zu erkennen, auch wenn sie nur noch in Resten erhalten ist. Reinboto machte 1356 Abenberg, das Mitte des 14. Jahrhunderts das Stadtrecht erhielt, zum Sitz eines Eichstätter Pflegamtes und damit zu einem wichtigen Verwaltungszentrum, das es bis 1803 blieb. 1806 wurde die Stadt bayerisch. In der teilweise verfallenen Burg wurden im 19. Jahrhundert historisierend neue Bauten errichtet, so der hohe „Luginsland", heute Aussichtsturm, und der malerische „Schottenturm". 1984 erwarb die Stadt den Burgkomplex und renovierte ihn von Grund auf.

Der Südmauer der Burg ist der terrassenförmige Burganger vorgelagert; es handelt sich mit einiger Wahrscheinlichkeit um den „Anger zur Abenberg" mit dem Wolfram von Eschenbach, der die Burg gut kannte und öfter auf ihr weilte, den Schlosshof der Gralsburg vergleicht. In einer Fensternische der Burgmauer hat man

Burg und Stadt Abenberg

ihm ein künstlerisch gelungenes Denkmal gesetzt. Die Hauptgebäude der Burg beherbergen heute mit dem „Haus Fränkischer Geschichte" und dem Klöppelmuseum zwei bedeutende Einrichtungen.

Von der mittelalterlichen Stadt Abenberg sind noch ansehnliche Reste erhalten: die beiden Tore, Reste der Stadtmauer mit einem wehrhaften Turm aus der Zeit um 1300, das an das Obere Tor anschließende, vom Eichstätter Baudirektor Gabriel de Gabrieli 1743/44 errichtete heutige Rathaus, stattliche Fachwerk-Bürgerhäuser und ein etwas außerhalb der ehemaligen Stadtmauer liegender Karzer. Mittelpunkt der Stadt ist der Marktplatz, auf dem ein Brunnen an die Gräfin Stilla von Abenberg erinnert. Schlicht und demütig, ein gütiges Lächeln auf dem Gesicht und ein Kirchenmodell auf dem Arm, so stellt sie der Nürnberger Künstler Hans Schorer dar und trifft damit voll ihre Wesenszüge.

Nicht nur aufgrund ihrer Bedeutung, sondern auch optisch nimmt die Pfarrkirche St. Jakobus einen hervorragenden Rang ein. 1072 von Bischof Gundekar II. erstmals geweiht, wurde sie vor 1300 neu erbaut. Erhalten sind der Unterbau des Turmes sowie das einstige Portal und ein Rundbogenfries an der Nordwand. Die jetzige Kirche errichtete 1677–85 der eichstättisch-fürstbischöfliche Baumeister Jakob Engel. 1769 erhielt der Turm, 1854–57 die Kirche durch Erweiterungen und Umbauten ihr heutiges Aussehen. Der Hochaltar wurde 1922 von den aus Abenberg stammenden Brüdern Anton und Heinrich Heckl aus Brooklyn gestiftet.

Von großer Bedeutung für die Stadt ist das Kloster, das auf einer kleinen Anhöhe gegenüber der Burg am Südrand der Stadt liegt. Es geht auf ein dem hl. Petrus geweihtes Kirchlein zurück, das Stilla erbauen ließ. 1488 gründete an dieser Stelle der Fürstbischof Wilhelm von Reichenau

Der „Schottenturm" auf der Burg Abenberg

Im Haus Fränkischer Geschichte erschließt die Dauerausstellung „Eine Zeitreise durch Franken" auf spannende Weise Bereiche der bewegten Geschichte Frankens mithilfe von interessanten Exponaten, beeindruckenden Kulissen und modernen Medien bis hin zum Computer. Sie veranschaulichen das Leben auf einer mittelalterlichen Burg, informieren, warum Franken territorial so zersplittert war und zeigen, wie sich die Reformation, der Bauernkrieg und der 30-jährige Krieg auf das Gebiet und die Bevölkerung Frankens auswirkten. Auch wechselnde Präsentationen zur fränkischen Kunst, Kultur und Geschichte werden gezeigt.

Das zweite Museum ist ganz der großen Tradition der Abenberger Klöppelkunst gewidmet. Sie geht zurück auf die Nonnen des Augustinerinnenklosters. Diese widmeten sich intensiv der Klöppelkunst und vervollkommneten sie, was von großer wirtschaftlicher Bedeutung für Abenberg werden sollte. Denn schon im 17. Jahrhundert lehrten sie auch den Frauen und Mädchen von Abenberg das Klöppeln, und bald besserte man in fast jedem Haus den kargen Ertrag der Landwirtschaft auf den Sandböden rund um die Stadt durch den Erlös aus Klöppelarbeiten auf. So entwickelte sich Abenberg allmählich zum europäischen Metallspitzenzentrum. Bis zu 700 Männer und Frauen übten um die Mitte des 19. Jahrhunderts das Kunsthandwerk des Klöppelns aus. Die mühsam in Heimarbeit hergestellten und auch von Kindern geklöppelten Erzeugnisse gingen in alle Welt. Verwendet wurden sie z. B. für Trachtenkleidung und -zubehör, Theaterkostüme, kirchliche Kleidung, Paramente, jüdische Kultgegenstände und besonders auch für prunkvolle Gewänder an Königs- und Fürstenhöfen. Diese Tradition zeigt das Klöppelmuseum auf der Burg anhand mannigfaltiger Exponate: Borten, Deckchen, Täschchen, Altar-

ein Augustinerinnenkloster. Dieses bestand trotz mancher Wirren bis 1805. 1920 wurde es durch die franziskanischen Schwestern der „Kongregation von der Schmerzhaften Mutter" neu belegt. Heute ist das Kloster Sitz der europäischen Provinzleitung dieses Ordens, unterhält eine Mädchenrealschule mit einem Internat und soziale Einrichtungen für Senioren. Die Abenberger Schwestern wirken derzeit weltweit in Kindergärten, Pflegestationen, Krankenhäusern, in der Krankenpflege, im Gemeindedienst und in der Bädertherapie.

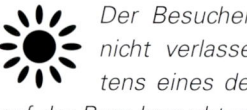 *Der Besucher sollte Abenberg nicht verlassen, ohne wenigstens eines der beiden Museen auf der Burg besucht zu haben.*

Abenberg – Oberes Stadttor und Rathaus von Gabriel de Gabrieli

tücher, Chorröcke für Geistliche, Fatschenkindl, Kleider, Fächer und Schirme aus Abenberger Spitzen. Herausgehobene Beachtung findet aber auch der arbeitende Mensch: Eine im Original erhaltene Klöppelstube vermittelt – zusammen mit einem Hörbild, Originalfotos und einem Videofilm – einen anschaulichen Einblick in die Arbeitsabläufe beim Klöppeln und die sozialen Bedingungen in den Klöpplerfamilien.

In der aus dieser Tradition hervorgegangenen Abenberger Klöppelschule können heute unter fachlicher Anleitung Interessenten jeden Alters das Leinen- und Metallspitzenklöppeln auf einem hohen Niveau erlernen. Die überkommenen Techniken wurden zeitgemäß weiterentwickelt, und die Kurse decken das gesamte Spektrum abendländischer Klöppeltechniken ab.

Abenberg

Die Stadt liegt etwa 10 km westlich von Roth. Man kann auch mit dem Auto zur Burg hinauffahren (Wegweiser), dort befindet sich jedoch nur ein relativ kleiner Parkplatz. Besser und lohnender ist es, vom Stillabrunnen am Marktplatz aus in wenigen Minuten zu Fuß zur Burg hinaufzusteigen.

Der Burghof ist tagsüber frei zugänglich. Öffnungszeiten der Museen: Im März, Nov. und Dez. Do bis So, von April bis Okt. Di bis So, jeweils 11.00–17.00 Uhr.

Empfehlenswert ist eine Umrundung der Burganlage entlang der Mauer.

Zum Kloster Marienburg: Schräg gegenüber der Außenfront des unteren Tors beginnt die Straße Steinweg. Sie führt bis zum Kloster (etwa 1 km).

42 | Windsbach

Im Gebiet des heutigen Mittelfranken entstanden im Mittelalter zahlreiche kleine Städte. Wehrhafte Stadtmauern mit Toren und Türmen, stattliche Bürgerhäuser aus Sandstein oder Fachwerk, repräsentative schlossähnliche Bauten oder gar Schlösser, Kirchen mit hohen gotischen Türmen oder barocken Hauben geben ihnen bis heute ihr „typisch fränkisches", malerisches Aussehen und machen sie liebenswert. Dabei war Mittelfranken bis ins 19. Jahrhundert hinein bei weitem keine politische Einheit. Territorien verschiedenster Landesherren lagen hier auf engstem Raum beieinander: Gebiete der Ansbacher Markgrafen, Besitzungen bekannter und weniger bekannter Fürsten- und Adelsgeschlechter, die geistlichen Territorien der Eichstätter und Würzburger Fürstbischöfe und des Deutschen Ordens und nicht zuletzt mehrere Freie Reichsstädte – ein politischer „Fleckerlteppich", der erst 1806 bereinigt wurde.

Eine dieser mittelalterlichen Städte ist Windsbach an der Fränkischen Rezat, vor allem bekannt durch den 1946 gegründe-

Marktplatz der Stadt Windsbach

ten und später nach ihr benannten weltberühmten Knabenchor. Ihre Entstehung und Entwicklung verdankt sie der Lage an der Furt einer ehemaligen Heer- und Handelsstraße, die von Nürnberg nach Ulm und Straßburg führte. 1138 wurde Windsbach erstmals urkundlich erwähnt, 1278 erhielt es die Stadtrechte. 1291 erwarben die Burggrafen von Nürnberg erste Güter in Windsbach, konnten ihren Besitz bald vergrößern und machten die Stadt, später als Markgrafen von Brandenburg-Ansbach, bis 1791 zu einem ihrer Amtssitze.

An der Mittelachse der Stadt, der Hauptstraße, die sich zum Marktplatz hin verbreitert, steht das 1749 erbaute Rathaus. Das ehemalige Rentamt daneben wurde 1737/38 nach Plänen von Leopoldo Retti und Johann David Steingruber an der Stelle des alten Schlosses erbaut. Es war Sitz der markgräflichen Amtsleute und später Finanzamt. Zahlreiche Fachwerkhäuser, die meisten aus dem 17. Jahrhundert, zeugen von der einstigen Wohlhabenheit der Bürger. Den Zugang zur historischen Altstadt bilden noch heute das obere, das Schwabacher Tor und das untere, das Brückentor, beide aus dem 18. Jahrhundert. Die letzterem vorgelagerte Brücke aus Sandstein über die Fränkische Rezat wurde von 1790–1792 errichtet. Von der einstigen Wehrmauer um die Stadt sind nur Reste erhalten. Um den Stadtturm aus dem 12. Jahrhundert ist im Baubestand noch deutlich die ehemalige Amtsburg zu erkennen, eine zweite Verteidigungsanlage. Die dritte war eine Kirchenburg, an deren Stelle 1728–30 der ansbachische Hofbaumeister Karl Friedrich von Zocha nach Plänen von

Mittelalterliche Fresken in der Herrgottsruhkapelle in Windsbach

Johann David Steingruber die heutige Stadtpfarrkirche St. Margareta errichtete.

Eine besondere Sehenswürdigkeit ist die „Gottesruhkapelle", eine kleine Kirche in idyllischer Lage nur wenig westlich der Stadt Windsbach. Der Ritter und Amtmann Hanns von Hellberg ließ sie um 1400 auf eigene Kosten errichten, nach der Legende zum Dank für seine Genesung am Heiligen Grab in Jerusalem auf einer Pilgerfahrt ins Heilige Land. „Seine" Kapelle sollte ebenso weit außerhalb der Mauern von Windsbach stehen, wie damals das hl. Grab von der Stadt Jerusalem entfernt lag.

Dass die Gottesruhkapelle heute der kunstgeschichtlich wohl bedeutendste Bau der Stadt ist, ist einer Renovierung im Jahr 1947 zu verdanken. Damals legte man einen unter alten Putzschichten fast vollständig erhaltenen Freskenzyklus frei: In den vier Feldern des Chorgewölbes die Evangelistensymbole, an den Chorwänden Apostelkreuze und Szenen aus dem Leben Christi, über dem Chorbogen das Jüngste Gericht, an der Nordwand des

Kirchenschiffes Szenen aus dem Leben Mariens und dem Alten Testament, an der Südwand aus der Apostelgeschichte. Sie alle stammen vom selben Künstler und dürften kurz nach der Erbauung der Kapelle etwa 1400-1420 entstanden sein. Obwohl sie teilweise nur schlecht erhalten sind, machen sie dieses Kirchlein zu einer sehr stimmungsvollen Stätte der inneren Einkehr. Schon von Anfang an gehörte zur Gottesruh auch ein Aussätzigenhaus, das später Siechhaus wurde. Von 1918 bis 1980 war es Altenheim.

Windsbach

Windsbach liegt an der Fränkischen Rezat, etwa 25 km südöstlich von Ansbach. Anfahrt über die A 6, Ausfahrt Lichtenau bzw. Heilsbronn.

Die Gottesruhkapelle liegt etwa 1 km westlich der Stadt Windsbach an der Straße nach Wolframs-Eschenbach. Sie ist von Mai bis Ende Okt. in der Regel tagsüber geöffnet.

43 | Lichtenau und seine Festung

Das Ortsbild dominierend erhebt sich im Markt Lichtenau im Tal der Fränkischen Rezat, rund 8 km östlich von Ansbach, eine mächtige Festung. Gut 500 m lang ist ihre Wehrmauer. An ihren fünf Ecken springen mit breiten Türmen bestückte Bastionen weit in den einstigen Wallgraben vor: die Bären-, Hirsch, Lindwurm-, Glocken- und Jungfernbatterie.

Den Zugang zum Hof bildet das innere Tor. Es ist durch Pilaster, schweres Gebälk und einen Dreieckgiebel gegliedert und mit Motiven der damaligen Festungsarchitektur wie Voluten und Panzerrüstungen verziert. Zwei hohe runde Ecktürme flankieren den mächtigen, von einem Dachreiter gekrönten dreigeschossigen Schloss-

bau. Dahinter öffnet sich der riesige Innenhof. An den Innenseiten der Wehrmauer ist ein Wall aufgeschüttet, in den zweigeschossige Kasematten eingebaut sind.

Der rote Sandstein, aus dem die Lichtenauer Feste erbaut ist, erinnert an die Nürnberger Burg. Bei näherem Hinsehen entpuppt sich diese Ähnlichkeit jedoch eher als gering. Geschichtlich freilich bestand eine sehr enge „Beziehung" zwischen den beiden Verteidigungsanlagen, waren sie doch so etwas wie wehrhafte „Geschwisterburgen", die beide der Freien Reichsstadt Nürnberg gehörten: Lichtenau schon ab 1406, die Nürnberger Festung ab 1427. Weil Lichtenau inmitten des

Der Innenhof der Festung Lichtenau

Festung Lichtenau – Eckturm des „Schlossbaus" und Befestigungsmauer mit Türmen.

Herrschaftsgebietes von Brandenburg-Ansbach lag, war es so etwas wie ein vorgeschobener taktischer Vorposten der Nürnberger und hatte für diese eine große militärischer Bedeutung. Tatsächlich kam es schon recht bald zu Spannungen und wiederholt auch zu kriegerischen Auseinandersetzungen zwischen beiden Territorien. So zog im Ersten Markgrafenkrieg 1449 Albrecht Achilles von Ansbach in Lichtenau ein, verheerte das Land und besetzte die Burg. Erst 1453 wurde sie wieder an Nürnberg zurückgegeben. Im Zweiten Markgrafenkrieg machte 1552/53

Markgraf Albrecht Alcibiades „reinen Tisch": Er zwang den Pfleger durch Erpressung zur kampflosen Übergabe der Festung, was ihn dann aber nicht daran hinderte, sie – wie auch den Ort – zu plündern und niederzubrennen. Doch die Nürnberger gaben nicht klein bei: Für die damals riesige Summe von 194.000 Gulden ließen sie die Feste in der heutigen Form von Grund auf neu errichten. 1630 wurde sie vollendet und ist ein Glanzstück der Renaissancebaukunst. Aber schon zum Zeitpunkt ihrer Fertigstellung entsprach sie nicht mehr den aktuellen militärischen Ansprüchen und war wohl auch durch ihre Lage im Tal nicht gut zu verteidigen. So musste sie kaum ein Jahr später im Schwedenkrieg erneut ohne Gegenwehr an den kaiserlichen Feldherren Tilly übergeben werden, der sie aber unversehrt ließ. 1688 griffen die Truppen des französischen „Sonnenkönigs" Ludwig XIV. erfolglos Lichtenau an.

1806 ging auch Lichtenau in Bayern auf. Die Festung diente fortan nichtmilitärischen Zwecken, unter anderem 1867–1927 als Gefangenenanstalt und von 1949–72 als Erziehungsanstalt bzw. Landesjugendhof. Nach einer grundlegenden Sanierung nutzt sie seit 1983 der Freistaat Bayern als Außenstelle des Staatsarchivs Nürnberg.

1734–36 war auch der Ort Lichtenau durch eine zusätzliche Mauer mit Graben an die Festung angeschlossen worden. Erhalten sind das schöne, erst 1763 erbaute Untere Tor und das schlichte Obere Tor von 1749 sowie Teile der Wehrmauer und des Wehrgrabens, die den Ort umgaben. In den Straßen um den Marktplatz zeugen noch stattliche Häuser mit schönen Schweifgiebeln aus dem 18. Jahrhundert von der reichsstädtischen Zeit Lichtenaus.

Ein geschichtliches Kuriosum ist die Dreieinigkeitskirche, die vor der Festung liegt. 1615 errichtet, wurde sie 1688 abgebrochen, um eine bessere Verteidigung gegen die französischen Truppen zu ermöglichen, doch schon 1724 als evangelische Saalkirche neu erbaut und einheitlich barock ausgestattet. Damit fand auch eine gründliche Wiederherstellung von Ort und Festung ihren Abschluss.

 Zum Kennerlernen der Festung ist eine Umrundung zu Fuß empfehlenswert. Sie beginnt an der dem Festplatz gegenüber liegenden Seite der Brücke über die Fränkische Rezat beim Wegweiser „Rundweg Burg". Er verläuft auf den der Festungsmauer am nächsten gelegenen Wegen zum Festungstor und von dort wieder zurück zur Brücke und vermittelt einen guten Eindruck von der Ausdehnung und Wehrhaftigkeit der riesigen Anlage, die im 17. Jahrhundert nach den damals modernsten Prinzipien des Festungsbaus konzipiert wurde. Reste des Wehrgrabens zeigen, dass es sich ursprünglich um eine Wasserburg handelte, deren Bastionen oder auch „Batterien" sich an den fünf Ecken keilförmig nach außen vorschoben und so die Sicht und damit die Verteidigung nach allen Seiten ermöglichten. Besonders macht dies ein Rundgang auf dem Wall deutlich, auf den rechts vom Eingangstor der Festung eine Rampe führt.

Lichtenau

Der Markt liegt etwa 8 km östlich von Ansbach. Parken auf dem Festplatz an der Rezat. Der Festungswall mit den Bastionen ist immer frei zugänglich. Der Festungshof ist Mo–Do 8.00–16.00 Uhr und Fr 8.00–13.00 Uhr geöffnet. Öffnungszeiten am Wochenende können zu diesen Zeiten unter Tel. 09827-92790 erfragt bzw. vereinbart werden.

Wolframs-Eschenbach

„Halte still, Wanderer. Du bist nahe an den Gebeinen des großen Dichters, die im Grunde dieses Liebfrauenmünsters seliger Auferstehung harren". Diese Inschrift auf einem Gedenkstein aus dem Jahr 1922 erinnert im Liebfrauenmünster an den größten Sohn der Stadt, die sich 1917 nach ihm benannte: Wolfram von Eschenbach, der von etwa 1170–1220 lebte. In der Manessischen Liederhandschrift ist er als kampfbereiter Ritter in prächtiger Rüstung mit Panzerkleid und Waffenrock, Schild und Schwert, Topfhelm und geschlossenem Visier dargestellt. Doch sein Ruhm gründet nicht auf seinen Heldentaten, sondern auf seinem dichterischen

Werk, das durch etwa 80 Handschriften überliefert ist. Es sichert ihm den höchsten Rang unter den Erzählern und Dichtern des deutschen Mittelalters.

Als Mitte des 19. Jahrhunderts eine vom Bayernkönig Maximilian II. eingesetzte wissenschaftliche Kommission einmütig zu dem Schluss kam, das damalige Obereschenbach sei unter den 30 sich um diesen Ruhm bewerbenden Orten tatsächlich Wolframs Geburtsort, stiftete der König der Stadt das Denkmal des bekränzten Minnesängers mit Harfe und Schwert auf dem heute nach ihm benannten Platz inmitten der Stadt. Das modern konzipierte Wolfram-von-Eschenbach-Museum im

Wolframs-Eschenbach, Stadtbefestigung

spätgotischen Alten Rathaus vermittelt einen guten Eindruck von seinem bewegten Leben. Noch 1608 ist das Grabmal mit seinen sterblichen Überresten im Eschenbacher Liebfrauenmünster bezeugt; seit den Wirren des 17. Jahrhunderts ist es verschollen.

Man glaubt sich ins Mittelalter versetzt, wenn man das Städtchen mit seinen romantischen Gassen und Plätzen, aber auch seinen repräsentativen historischen Gebäuden durch eines der beiden Tore betritt. Um das Liebfrauenmünster gruppieren sich auf engstem Raum prächtige Bauten aus dem Mittelalter und der Renaissance. Das Deutschordensschloss von 1623, durch einen dezenten Glasbau mit der einstigen Zehentscheune verbunden, ist seit 1859 Rathaus. Es erinnert an den einstigen Herren der Stadt. Von etwa 1220 bis zur Säkularisation gehörte sie dem Deutschen Orden, knapp 100 Jahre als eigene Kommende mit Ordensrittern, dann als Pflegamtssitz der Nürnberger Deutschherren. Amtssitz des Vogts war die Vogtei, heute als „Alte Vogtei" ein bekanntes Gasthaus. Der prächtige Fachwerkbau aus der 2. Hälfte des 14. Jahrhunderts ist ausgestattet mit Holzdecken aus der Gotik und Stuckdecken aus der Renaissance. Die benachbarte Fürstenherberge von 1609 mit ihrem einzigartigen Sgraffitoputz diente durch Jahrhunderte hohen Gästen als Quartier.

Besonders die zahlreichen, bestens renovierten Fachwerkhäuser an der Haupt-

Rosenkranz-Altar im Liebfrauenmünster in Wolframs-Eschenbach

Wolframs–Eschenbach – Deutschordensschloss (rechts) und Alte Vogtei (Mitte)

straße und Färberstraße, z. T. aus dem
15. Jahrhundert, prägen das Straßenbild.
Das Hohe Haus, das Pfründehaus, das
Lammwirtshaus und das Gasthaus zur
Traube, die Wolfenschmiede, die Prinst-
nerscheune an der Deutschordensstraße
und einige Ackerbürgerhäuser geben der
Stadt ihr unverwechselbares fränkisches
Gesicht.

Den Mittelpunkt bildet das Liebfrauenmünster, die Pfarrkirche der Stadt, eine
gotische Hallenkirche. Ihr größtes Kleinod
ist der Rosenkranzaltar. Ein Kreis von 50
weißen Rosen, untergliedert durch die
Wundmale Christi, umschließt die Heiligen des Alten und Neuen Bundes mit
dem Gekreuzigten in der Mitte

Ein romantischer Rundweg im Stadt-
graben entlang der fast vollständig erhaltenen Stadtmauer, mit mehreren Wehrtürmen und dem Unteren und Oberen Tor,
letzteres mit Barbakane, vermittelt den
besten Eindruck von der einstigen Wehrhaftigkeit der Stadt.

Wolfram-Eschenbach

Die Stadt liegt ca. 20 km südöstlich von
Ansbach. Anfahrt über die B 13, Abzweigung Merkendorf. Parken auf dem Parkplatz am Unteren Tor (Festplatz). Dort informiert eine Tafel mit dem Stadtplan über
den Weg zu den Sehenswürdigkeiten.

An den historischen Bauten finden sich
Schilder mit den wichtigsten Daten.

Museum Wolfram von Eschenbach: Öffnungszeiten in den Monaten April bis Okt.
Di bis So von 14.00–17.00 Uhr, am So zusätzlich von 10.30–12.00 Uhr; von Nov. bis
März Sa und So von 14.00–17.00 Uhr.

45 | Fränkische Karpfen

Schon zwölf Tage vor der „Ernte" im Oktober entfernt der Teichwart am Großen Haundorfer Weiher die ersten Staubretter, die den Wasserspiegel des Karpfenteiches den Sommer über auf gleicher Höhe gehalten haben, und das Wasser beginnt in den tiefer gelegenen Teich der Weiherkette abzulaufen. Da der Teichboden zur Ablaufseite hin ein sanftes Gefälle aufweist, sammeln sich dort wegen des sinkenden Wasserspiegels die Fische in der tiefsten Mulde. Am lange zuvor bestimmten Tag finden sich die Mitglieder der Teichgemeinschaft in aller Frühe zum „Abfischen" ein. Mit langen Netzen bilden sie dabei einen großen Halbkreis, ziehen ihn

Reicher Fang bei der „Karpfenernte"

immer enger und treiben so die Tiere in die Fangkörbe der Fischer. Von dort kommen sie – weniger romantisch – in wassergefüllte Tanks und werden zu Großabnehmern transportiert, die sie filettieren oder für die Gastronomen in Wasserbassins halten, bis sie auf dem Küchentisch landen.

In Haundorf ist der Tag der „Karpfenernte" immer ein großes Fest. Selbst die Kindergartenkinder und einige Schulklassen schauen ihren Vätern interessiert bei der Arbeit zu, ist doch hier die Karpfenzucht ein wichtiger landwirtschaftlicher Erwerbszweig. Aber ganz allgemein kann es „der Franke" kaum erwarten, bis mit dem September endlich die Karpfenzeit beginnt. In jeder fränkischen Gaststätte, die etwas auf sich hält, wird dann bis April Karpfen „gebacken" oder „blau" angeboten. Da man früher die Fische in der Sommerhitze weder lebend, noch geschlachtet ohne Verderb transportieren konnte, „erntete" man sie nur in den Monaten mit einem „R". Heute wäre die ganzjährige Ernte zwar kein Problem mehr, aber die Vorfreude auf die Spezialität der Saison wäre wohl dahin, und so ist man bei diesem Zeitraum geblieben. Was aber früher eher eine „Fastenspeise" in den Klöstern oder ein „Arme-Leute-Essen" war, gilt heute als eine typisch fränkische Spezialität.

Wie so vieles verdanken wir den Klöstern auch die Karpfenteiche. Denn sie hatten im Mittelalter einen besonders großen Fischbedarf, der durch die Fänge in den Fließgewässern im damals klosterreichen Franken bald nicht mehr gedeckt werden konnte. Dies und die früher schwierigen Transportverhältnisse führten dazu, dass man die Fische nach Möglichkeit in der Nähe zu „produzieren" versuchte. So legten die Klöster künstliche Zuchtteiche an, die heute noch das Landschaftsbild großer Teile von Franken prägen.

Dass gerade Mittelfranken ein Karpfengebiet ist, liegt auch an geologischen Verhältnissen. Denn hier bilden in einem Bogen, der sich etwa in Südwest-Nordost-Richtung vom Wörnitz- und Altmühlgrund in das Rednitzbecken und den Aischgrund zieht, tonige Erdschichten eine Sperrschicht. Durch diese wird das Wasser in den von Menschenhand geschaffenen Teichen zurückgehalten. Das erkannte und nutzte der Mensch schon sehr früh, und so entstand in diesem Gebiet der fränkische „Karpfengürtel". Im Aischgrund, dem größten zusammenhängenden fränkischen Karpfengebiet, ist er am breitesten. Hier und in den angrenzenden Gebieten des Steigerwalds und der Frankenhöhe wird in ungefähr 1.500 Weihern der Aischgründer Karpfen gezüchtet. Etwa 30 Vollerwerbs-Teichbauern mit zum Teil mehr als 20 ha Weihern leben hier von der Karpfenzucht, weitere etwa 350 bewirtschaften ihre Teiche im Nebenerwerb.

Der oft geäußerten Meinung, der Karpfen sei fett und deshalb ungesund, widersprechen die Ernährungswissenschaftler energisch. Sie stufen ihn als ein sehr gesundes Nahrungsmittel ein. Mit einem sehr hohen Anteil an dreifach ungesättigten Fettsäuren stehe er mit dem Lachs an der Spitze der Lebensmittel, die besonders cholesteringeschädigten Menschen als Speiseplan-Alternative empfohlen werden.

Im Lauf der Jahrhunderte sind die Fischteiche auch ein typischer Bestandteil der fränkischen Landschaft geworden. Darüber hinaus sind sie keine „Monokulturen", sondern Biotope mit einer großen Artenvielfalt. Ein Spaziergang im Teichgebiet hat deshalb auch unter diesem Aspekt einen ganz besonderen Reiz. Will man allerdings mit dem Naturgenuss auch den kulinarischen Genuss des Karpfenessens verbinden, sollte man sich vorher

„Karpfenernte" in Haundorf

– selbst im Karpfengebiet – nach einem entsprechenden Lokal erkundigen.

In der Gegend um Haundorf und Eichenberg wurde schon seit langem Karpfenzucht in Teichen betrieben. Von den über 3.000 mittelfränkischen Karpfenteichen liegt ein Dutzend hier. Das brachte die Verantwortlichen der „Haundorfer Weihergemeinschaft", welche sie gemeinsam bewirtschaften, zu dem Entschluss, hier einen „Teichlehrpfad" zu schaffen. Der etwa 8 km lange Rundweg, einer der wenigen seiner Art, führt zu den wichtigsten Teichen und vermittelt an Ort und Stelle alles Wissenswerte über den fränkischen Speisefisch und seine Bedeutung. Gleichzeitig erschließt er ein Stück einer für Franken typischen Landschaft.
Der markierte Rundgang beginnt am Haus des Gastes nahe der Ortseinfahrt mit der Tafel 1, die eine Übersicht über die Lage der Weiher und den Weg bietet. Tafel 2 beschreibt die Weiherlandschaft, Tafel 3 er-
klärt die Funktion von Teichen, Tafel 4 informiert über die Nahrung der Karpfen, Tafel 5 zeigt die Entwicklung des Karpfens, Tafel 6 gibt einen Überblick über „Nebenfische" im Karptenteich, Tafel 7 stellt die Rolle der Teichwirtschaft in der Natur dar und Tafel 8 beurteilt den Karpfen als Speisefisch.

Haundorf und Haundorfer Weiher

Haundorf liegt 7 km nördlich von Gunzenhausen und 3 km nordöstlich des Altmühsees, am Rand des ausgedehnten Mönchswaldes. Anfahrt über die B 466. Parkplatz am Haus des Gastes am Ortseingang nahe der Kirche.

Die Haundorfer Weiher liegen südwestlich des Ortes, zum Teil im Wald, zum Teil in offenem Gelände.

Zum großen Haundorfer Weiher kann man auch mit dem Auto fahren. Dazu 30 m vor der Kirche links bis zum Parkplatz am Wald.

46 | Triesdorf

Der Name Triesdorf ist jedem geläufig, der mit Landwirtschaft und Gartenbau zu tun hat. Als Sitz eines landwirtschaftlichen Bildungszentrums ist dieser Ortsteil des Marktes Weidenbach im Landkreis Ansbach deutschlandweit bekannt. Alle denkbaren Bereiche und Berufe der Landwirtschaft werden hier praktiziert, erforscht, weiterentwickelt und in Lehranstalten und Schulen aller Art bis hin zu Hochschulstudiengängen weitervermittelt. Diese Dichte an verschiedenen Ausbildungseinrichtungen im Bereich der Grünen Berufe ist einzigartig in Deutschland.

Die wenigsten jedoch wissen um die geschichtliche, kunst- und kulturhistorische Bedeutung von Triesdorf. Ein Rundgang macht sie deutlich: Zwischen den modernen Zweckbauten verstreut liegen in dem riesigen Areal mit Feldern, Wiesen, Obstplantagen, Fischteichen und kleinen Wäldern zahlreiche historische, vor allem barocke Gebäude. Auffallend sind auch die vielen alten Alleen, die auf Triesdorf zuführen.

Die Fürstenherrschaft von Triesdorf begann im Jahr 1469. Damals übergab Burkhard von Seckendorff die dortige Wasser-

Ein Kennzeichen von Triesdorf sind die Alleen, die noch heute darauf zuführen. Links das ehemalige „Reithaus"

Triesdorf, „Weißes Schloss"

burg dem Markgrafen Albrecht Achilles von Brandenburg-Ansbach als Lehen. Dessen Urenkel Georg Friedrich I. kaufte im Jahr 1600 die gesamte Gutsherrschaft. Da ihm 1578 durch die Säkularisation des Zisterzienserklosters Heilsbronn auch dessen gesamter Besitz zugefallen war, darunter der riesige angrenzende Mönchswald, hatte er nun ein großes abgerundetes Areal, das ihm und seinen Nachfolgern die besten Voraussetzungen bot, ihrer großen Leidenschaft, der Jagd zu frönen. Denn außer dem Mönchswald lag ja auch die feuchte Altmühlniederung nördlich von Gunzenhausen ganz in der Nähe.

So bauten die Markgrafen das Gut Triesdorf nach und nach zu einem großen Stützpunkt für die Jagd aus, vor allem die Falkenjagd. 1654 wurde das gesamte Areal mit einem Holzzaun umgeben, der 1723 durch eine 2 m hohe Backsteinmauer ersetzt wurde, die sogenannte Rote Mauer, deren Verlauf noch heute erkennbar ist. Goethe soll 1797 mehr als zwei Stunden

für ihre Umrundung benötig haben. Bald entstanden auch neue Gebäude, so etwa ab 1682 das Weiße Schloss.

Die ganz große Zeit für Triesdorf aber kam erst, als 1729 in Ansbach Carl Wilhelm Friedrich, der „Wilde Markgraf", die Regierung antrat. 1730 ließ er von seinen Architekten Carl Friedrich von Zocha und Leopoldo Retty das Rote Schloss als Kaserne für das 50 Mann starke Falknercorps erbauen. Bald folgten die Husarenkaserne, ein Reithaus mit Reitbahn und andere Gebäude. Nach einer Aufstellung von 1748 besaß Carl Wilhelm Friedrich den größten Falkenhof Europas, zwischen 1730 und 1748 brauchte er dafür mehr als eine halbe Million Gulden.

Besonders bekannt machte den „Wilden Markgrafen" seine zweite Leidenschaft, die Liebe zu einer Frau, die aber nicht die ihm angetraute war. Es war eine so große Liebe, dass er neben seiner 1729 aus staatspolitischen Gründen geschlossenen, aber wenig glücklichen Ehe mit Friederike Luise von Preußen unter dem Namen eines Unteroffiziers Falk eine zweite, also bigamistische Ehe einging. Die Auserwählte war Elisabeth Wünsch, die Tochter eines Falkners, der er auf der Falkenjagd begegnet und von der spontan gefesselt war. Als Domizil richtete er seiner Elisabeth ein einsam im Mönchswald, seinem bevorzugten Jagdgebiet, gelegenes Jagdschlösschen ein, das den beiden als „Liebesnest" diente.

Auch über Triesdorf hinaus entfaltete Carl Wilhelm Friedrich eine rege Bautätigkeit. Neben Schlössern in Ansbach und Gunzenhausen entstand in seiner langen Regierungszeit von 1729–1757 mehr als ein halbes Hundert neuer Kirchen im damals von seinen Baumeistern, vor allem Johann David Steingruber, neu entwickelten „Markgrafenstil", darunter auch die stilreine Hof- und Pfarrkirche in Weidenbach.

Seinem Sohn und Nachfolger Carl Alexander hinterließ er bei seinem Tod die gigantische Schuldensumme von 2,3 Millionen Reichstalern. Das hinderte diesen aber nicht daran, das Rote Schloss zu seinem Wohnhaus umzubauen und das Jägerhaus, den Marstall, das Försterhaus, das Alte Hofgartenschloss und, für seine Freundin und spätere Ehefrau Elizabeth Craven, die Villa Sandrina neu zu errichten. Auf deren Drängen ließ er auch einen Teil des Triesdorfer Parks in einen romantischen Landschaftsgarten englischer Prägung umwandeln.

Im Jahre 1791 trat Markgraf Carl Alexander das Markgraftum Ansbach und das seit 1769 damit vereinigte Markgraftum Bayreuth an das Königreich Preußen ab. Gegen eine jährliche Leibrente von 300.000 Gulden verließ er Franken und zog sich nach England zurück.

Bei einem Rundgang kann man noch heute viele der Gebäude aus der Markgrafenzeit entdecken. Schon damals nahm in Triesdorf die Landwirtschaft einen hohen Stellenwert ein. Im 18. Jahrhundert wurde vor allem auf die Rinderzucht großer Wert gelegt und gegen Ende dieses Jahrhunderts die Landwirtschaft nach englischem Vorbild modernisiert. Schon bald nach der Eingliederung in das Königreich Bayern gab es ernste, aber vergebliche Bestrebungen, die „Landwirtschaftliche Centralschule zu Schleißheim" nach Triesdorf zu verlegen. Aber erst 1848 wurde im Weißen Schloss die „Königliche Kreisackerbauschule" eingerichtet. Aus ihr erwuchs im 20. Jahrhundert das landwirtschaftliche Bildungszentrum.

Triesdorf

Triesdorf ist ein Ortsteil des Marktes Weidenbach. Der Ort liegt 16 km südlich von Ansbach, 1 km von der B 13 entfernt.

Durch das Gelände des landwirtschaftlichen Bildungszentrums führen öffentliche Straßen und Spazierwege.

Führungen

Gruppen können einen Rundgang durch die historischen Gebäude buchen, der über deren Geschichte und Bauweise informiert. Anmeldung bei Frau Künzel: Tel. 09826/ 18-1111.

Auch Mitarbeiter und Fachleute der Landwirtschaftlichen Lehranstalten des Bezirks Mittelfranken bieten auf Anmeldung individuell gestaltete Führungen an. Dabei können im Vorfeld Themenschwerpunkte festgesetzt werden. Zur Auswahl stehen sowohl die verschiedenen schulischen Institutionen und landwirtschaftlichen Einrichtungen als auch die Geschichte der Markgrafen von Brandenburg- Ansbach und ihrer Bauten. Anmeldung unter Telefon 09826 18-0.

47 | Ornbau

Die Ortsansicht der Stadt Ornbau zählt sicher zu den schönsten in Franken: Im Vordergrund überspannt eine Steinbogenbrücke die Altmühl. An ihrem Ende bewacht der behäbige Torturm der ehemaligen Befestigung mit dem vorgelagerten Torhaus den Eingang zur Stadt, links und rechts schließt sich die Wehrmauer an. Dominie-

rend aber ist die Stadtkirche St. Jakobus mit ihrem mittelalterlichen Sandsteinturm und dem modernen Steildach des Kirchenschiffs.

Gegründet wurde Ornbau schon im 9. Jahrhundert und war damals Besitz des Klosters Herrieden. Später erhielten es die Grafen von Oettingen zum Lehen. Von 1310 bis zur Säkularisation war der Ort bischöflich-eichstättischer Amtssitz und wurde nach Einführung der Reformation im Fürstentum Ansbach eine katholische Insel im protestantischen Umland. Der Bischofsstab mit dem Löwen im Stadtwappen erinnert noch an diese fast fünf Jahrhunderte kirchlicher Herrschaft. 1317 erhielt Ornbau das Stadt- und damit auch das Befestigungsrecht. Davon machte vor allem der Eichstätter Fürstbischof Wilhelm

Steinbogenbrücke über die Altmühl, Torhaus und Kirche St. Jakobus in Ornbau

von Reichenau in großem Umfang Gebrauch. Um seinen wichtigen Stützpunkt im Oberen Hochstift vor feindlichen Angriffen zu schützen, baute er zwischen 1470 und 1490 um die wohl schon davor befestigte Siedlung ein wahres Festungsbollwerk und schuf damit das heutige Stadtbild. Ansehnliche Reste des doppelten Mauerrings und des Wehrgrabens, drei Rundtürme, zwei Stadttore und mehrere mächtige Basteien zeugen noch heute von der einstigen Wehrhaftigkeit. Der prächtigste Bau der Stadt ist das barocke ehemalige Kastenamt mit seinem Mittelrisalit und Mansarddach. Errichtet wurde er 1764 nach einem Entwurf des Eichstätter Hofbaudirektors Mauritio Pedetti. Ab 1876 diente er als Schulhaus.

Die Pfarrkirche St. Jakobus mit ihrem hohen Kirchenschiff aus Holz, Beton und Glas wurde 1966/67 erbaut. Dem Architekten Josef Elfinger aus Ingostadt war es dabei sehr wichtig, Bauteile der Vorgängerkirche zu erhalten und in den Neubau zu integrieren: den Turm aus dem 14./15. Jahrhundert, der jetzt als Altarwand dient, und den gotischen ehemaligen Chor, heute idealer Raum für die Orgel und den Kirchenchor. Auch die figürliche gotische Ausstattung wurde wiederverwendet: eine Madonna mit Kind aus der Zeit um 1500 und eine Jakobusfigur, beide von besonderem künstlerischem Wert, die Statuen des hl. Stephanus und der vier Eichstätter Bistumspatrone und das vom Auferstandenen gekrönte, auf 1502 datierte Sakramentshäuschen. Ein besonders eindrucksvolles Schmuckstück der Kirche ist die Pieta aus der Zeit des ausgehenden Barock. Ab dem Jahr 2000 schuf der Künstler Reinhardt Zimmermann aus dem nahen Mörsach für die Altarwand einen Zyklus der „Ich-bin-Worte" Jesu. Die zehn ausdrucksstarken Glasgemälde schaffen im Kirchenschiff eine besonders meditative Atmosphäre.

Am entgegengesetzten Ortsende von Ornbau steht die in der 2. Hälfte des 14. Jahrhunderts im Stil der Gotik erbaute, 1730/40 barock ausgestattete Friedhofskirche. Ein kleines Kuriosum auf dem Friedhof ist das Denkmal des Georg Franziskus Maréchal Marchis de Bièvre. Er war als Verfasser von Komödien und Wortspielen Hofunterhalter der Markgrafen von Ansbach in Triesdorf. 1789 erlag er den Pocken. Weil er katholisch war, konnte er nicht im protestantischen Triesdorf beerdigt werden, sondern fand hier im benachbarten Ornbau seine letzte Ruhe. 1817 ließ seine Jugendliebe Anna Pas de Vassal dieses Denkmal errichten.

Sehenswert ist die bronzene Statue des „ausgreifenden Jakobus" am Beginn des Altmühlzuleiters westlich der Stadt. Auf zwei gegeneinander allmählich aus dem Boden ansteigenden Betonwällen übersteigt Jakobus mit einem großen Schritt die Wasserscheide. Der Nürnberger Künstler Hanspeter Widrig will damit daran erinnern, dass Ornbau Station an einem der mittelalterlichen Jakobswege nach Santiago de Compostela war, aber auch daran, dass der Mensch ständig unterwegs ist zu seinem Lebensziel.

Obwohl Ornbau, mit etwa 1.700 Einwohnern eine der kleinsten Städte in Deutschland, ganz nahe am Altmühlsee liegt, ist es mit seinen zahlreichen idyllischen Fleckchen eine Oase der Ruhe im manchmal hektischen Urlaubsgetriebe des Fränkischen Seenlands.

Ornbau

Ornbau liegt etwa 5 km nördlich des Altmühlsees. Anfahrt über die B 13 (mehrere mögliche Abzweigungen) oder die B 466. Von ihr auf die B13 in Richtung Ansbach.

Das Wiesebrütergebiet Wiesmet und die Vogelinsel im Altmühlsee

Wem sind sie beim Vorbeifahren noch nicht aufgefallen, die Störche auf dem Turm der Kirche St. Jakobus in Muhr am See? Seit vielen Jahren kommen sie im Frühjahr aus ihrem Überwinterungsquartier zurück und finden hier Lebensraum und Nahrung – trotz des Eingriffs in die Natur durch den Bau des Altmühlsees, der sich hier inzwischen als Segen für die Vogelwelt erwiesen hat.

Die ausgedehnten, auch im Sommer häufig überschwemmten Wiesen im Altmühlgrund zwischen Ornbau und Gunzenhausen waren schon immer ein Paradies für zahlreiche Vogelarten. Durch den Bau des Sees wurde die Hälfte dieses Feuchtwiesengebietes jedoch für immer mit Wasser bedeckt. Damit drohten die Vögel einen großen Teil ihrer wertvollen Brut- und Nahrungsplätze zu verlieren. Um dies zu verhindern, schuf man die Vogelinsel und beließ nördlich des Sees auf einer Fläche von 1.100 ha das Feuchtwiesengebiet „Wiesmet". Heute ist es als das wichtigste Wiesenbrütergebiet Bayerns, Brutstätte und Nahrungsplatz für 300 Vogelarten, darunter 16 der vom Aussterben bedrohten Arten der „Roten Liste". Großer Brachvogel und Uferschnepfe, Wiesenpieper, Schafstelze, Braunkehlchen, Grauammer und viele andere wohnen hier.

170 Landwirte bewirtschaften das Wiesmet unter der Fachaufsicht des Landschaftspflegeverbands Mittelfranken. In enger Zusammenarbeit sorgen sie durch vielfältige Maßnahmen für den dauerhaften Erhalt dieses Lebensraums. Sie legen neue Biotope wie z.B. Flutmulden und Flachtümpel an und verbessern und vernetzen die vorhandenen ökologisch hoch-

Blick über den Altmühlsee mit der Vogelinsel

Das Torhaus in Muhr am See

weg bleiben, hat aber von einem Aussichtsturm einen Ausblick über die Insel und den See. Vogelkundler aus ganz Europa kommen zu dieser Insel, und es ist ein ganz besonderes Erlebnis, hier früh am Morgen die Vögel zu beobachten und ihren Stimmen zu lauschen.

Ausgangspunkt ist Muhr am See. 1976 schlossen sich die beiden Orte Altenmuhr und Neuenmuhr im Hinblick auf den bevorstehenden Bau des Altmühlsees zu einer Einheitsgemeinde zusammen. Schon 893 ist der Ortsname „vicus mura" genannt. Durch viele Jahrhunderte prägten die Herren von Lentersheim die Geschichte der beiden Orte. An ihre einstige Herrschaft erinnert das etwas versteckte mächtige Wasserschloss am nördlichen Ortstrand mit seinem fünfgeschossigen Bergfried und den beiden großen Flügeln, das im Kern auf das 12. Jahrhundert zurückgeht. Wahrzeichen von Muhr ist das 1752 errichtete Torhaus.

In der evangelischen Pfarrkirche St. Georg aus gotischer Zeit in der Nähe des Schlosses, einst Grablege der Herren von Lentersheim, befinden sich zahlreiche hervorragende Grabsteine, darunter auch mehrere aus der Hand des Eichstätter Bildhauers Loy Hering bzw. aus seiner Werkstatt. Das „Altmühlsee-Informationszentrum" an der Schlossstraße informiert über den Bau des Altmühlsees und die Geheimnisse des Vogelzugs und bietet damit eine hervorragende Möglichkeit zur Ergänzung und Vertiefung eines vogelkundlichen Spaziergangs.

wertigen Kerngebiete. Die Bauern verzichten weitestgehend auf Düngung und pflegen und mähen die Wiesen sachgerecht.

Eine vogelkundliche Wanderung im Wiesmet, das nur in den Monaten Juli bis März betreten werden darf, erschließt auch ein besonders schönes Stück fränkischer Landschaft. Von der weiten Niederung geht der Blick zu den umliegenden fränkischen Dörfern und Städtchen wie Ornbau, Weidenbach, Arberg, Mörsach und Muhr, die alle einen eigenen Besuch wert sind, und von ihnen weiter bis zu den Erhebungen, die den Altmühlgrund begrenzen. Höhepunkt ist der Rundgang auf der Vogelinsel im Nordteil des Altmühlsees, eines Mosaiks aus zahlreichen Flachwasserbereichen, Schlickflächen und Inselchen mit Schilfwäldchen, Feuchtwiesen und Büschen. Nur Tieren und Pflanzen ist dieses rund 200 ha große „Naturparadies aus Menschenhand" vorbehalten; der Besucher muss auf dem 1,5 km langen Rund-

 Der Altmühlsee wurde in den Jahren 1976–1985 als Teil des großen Wasserregulierungssystems geschaffen, mit dem man aus der von wasserreichen Alpenflüssen gespeisten Donau über die Europäische Hauptwasserscheide Wasser in das wasserarme Regnitz-Main-Gebiet überleitet. Zugleich

Das Vogelbrütergebiet „Wiesmet"

wollte man durch den Bau des Sees die Gefahr von Sommerhochwassern an der oberen und mittleren Altmühl einschränken.

Dazu wurde in der Niederung zwischen Ornbau und Gunzenhausen aus Sand und Lehm ein 12,5 km langer und bis zu 5,5 m hoher Ringdamm gebaut. Die Wassertiefe des so entstandenen Stausees beträgt maximal 3 m, seine Wasseroberfläche 4,5 km². Sein Wasser erhält er von der Altmühl: Etwa 5 km nordwestlich, in der Nähe der Stadt Ornbau, wird ihr überschüssiges Wasser umgeleitet, während sie selbst ihren Weg durch das Wiesmet, an Muhr vorbei und dann östlich des Sees nach Gunzenhausen nimmt. Von dem durch den Ringdamm gestauten Altmühlwasser werden durchschnittlich 25 Millionen m³ im Jahr im Altmühlüberleiter, der zum Teil in einem Tunnel verläuft, über die Europäische Wasserscheide in den Brombachsee transportiert. Von dort wird es an das nordbayerische Flusssystem abgegeben.

Der See hat sich zu einem beliebten Naherholungsgebiet entwickelt. Die reizvolle, weiträumige Landschaft ist ideal zum Segeln, Surfen und Baden an den zahlreichen Bade- und Sandstränden. Rund um den See führt ein 12,5 km langer Wander- und Radweg. Wie bei allen Seen des Fränkischen Seenlandes ist, mit Ausnahme der Naturschutzzonen, das gesamte Seeufer frei zugänglich. Eine Schifffahrtslinie verbindet die drei Seezentren Wald, Muhr am See und Schlungenhof. An ihnen liegen Gaststätten und Kioske, ein Surfzentrum, eine Surf- und Segelschule, zwei Campingplätze, dazu am Altmühlzuleiter bei Gern zwei Erholungsanlagen mit einem Badestrand. Insgesamt 1.800 Parkplätze stehen zur Verfügung.

Altmühlsee

Muhr liegt am Altmühlsee, ca. 6 km nördlich von Gunzenhausen. Parken kann man in der Nähe der Altmühlbrücke (am Ortsende in Richtung Streudorf) oder an einem der Parkplätze am Altmühlsee, z.B. am Seezentrum Muhr am nordöstl. Ufer.

Vom Ringdamm an der Nordostseite des Sees führt ein Holzsteg auf die Vogelinsel.

Öffnungszeiten: Das Altmühlsee-Informationszentrum ist nur in der warmen Jahreszeit geöffnet, die Kirche in der Regel tagsüber das ganze Jahr.

Das Schloss Muhr ist in Privatbesitz.

Das Wiesmet liegt nördlich des Sees. Es darf vom 1. April bis 31. Juli nicht betreten werden, zu den übrigen Zeiten nur auf Stichwegen, die von den umliegenden Orten (Muhr, Mörsach, Gern) hineinführen.

49 | Schloss Spielberg im Hahnenkamm

Wie ein mächtiger Pfeiler markiert der Spielberg die Nordwestecke des Hahnenkamms. Schon von weitem zieht die nach ihm benannte Burg in landschaftlich beherrschender Lage auf einer nach drei Seiten steil abfallenden Kuppe den Blick auf sich. Und umgekehrt gewährt sie auch einen umfassenden Ausblick auf ihr Vorland, hatte damit im Mittelalter eine ideale strategische Lage und war ein hervorragender Punkt, von dem aus man den Handelsverkehr bestens kontrollieren konnte, der auf der Straße von Ulm und Nördlingen nach Nürnberg vorbeizog. Im 12. und in der 1. Hälfte des 13. Jahrhunderts gehörte sie den Edelfreien von Spielberg, war dann

vorübergehend Teil des Burgensystems der Grafen von Truhendingen und kam 1360 endgültig in Besitz der Grafen von Oettingen. Nach einer der Teilungen der Oettinger in verschiedene Linien blieb die Burg bis zum Ende des Alten Reiches bei der 1734 gefürsteten katholischen Linie Oettingen-Spielberg. 1806 kam sie zu Bayern, 1827 wurde sie vom Fürsten Carl Philipp Wrede für seine Tochter Amalie, Fürstin zu Oettingen-Spielberg erworben.

Noch heute ist der Besucher beeindruckt vom Oval der mächtigen Burg. Ihre 5 m hohe Ringmauer mit einem Zwinger auf der Westseite umschließt den Hof mit Wirtschaftgebäuden und einem mächtigen

Schloss Spielberg im Hahnenkamm

Kunstwerke von Ernst Steinacker im Schlosshof

Wohnbau mit einem polygonalen Erker an seiner Nordostecke. Die zweigeschossige Schlosskapelle im Ostteil des Wohngebäudes ist mit einem kleinen, von vorzüglichem Deckenstuck eingerahmten Dreifaltigkeitsfresko und einem Altar des frühen Rokoko von 1735 ausgestattet.

Mehr als zwei Jahrzehnte lang war die Burg Wohn-, Arbeits- und Ausstellungsstätte des 1919 in Wemding geborenen und 2008 verstorbenen Bildhauers Ernst Steinacker. 1983 übernahm er die heruntergekommene Anlage vom Fürsten Albrecht von Oettingen-Spielberg, renovierte sie, ging mit Kreativität und Fantasie daran, dem Inneren ein neues Gesicht zu geben und richtete darin seine Werkstätte und ein Museum für zeitgenössische Kunst ein. So gewinnt der Besucher an Ort und Stelle einen Eindruck von seinem künstlerischen Schaffen – sowohl im Außenbereich der Burg auf der „Figurenwiese", als auch im Innenhof und in der Schlossgalerie.

Steinackers Werke stehen an zahlreichen Orten im Ries und in Franken, aber auch weit darüber hinaus. 1999/2000 entstand der Gemäldezyklus „Freude der Auferstehung" im nahen Kloster Heidenheim. Er gestaltete auch die Domportale in Augsburg und Trier sowie das neue Bronzeportal für die evangelische Klosterkirche in Auhausen im Ries. Besonders von der hl. Walburga, die im 8. Jahrhundert im nahen Kloster Heidenheim wirkte, schuf er zahlreiche Skulpturen, so die Statue vor der Kapelle auf dem Walberla bei Forchheim.

 Nur 4 km östlich der Burg Spielberg liegt der Gelbe Berg, der zweite, nordöstliche nach drei Seiten steil abfallende, 630 m hohe Eckpfeiler des Hahnenkamms. Unter den Historikern und Archäologen gilt die „Gelbe Bürg," so ein anderer Name, ein unbewaldeter Höhenrücken mit seinen von Menschenhand geformten zwei Plateaus, als eines der geheimnisvollsten Gelände-

Plateau des Gelben Bergs („Gelbe Bürg")

denkmäler Bayerns. Nachweisbar seit der Jungsteinzeit wurde der Gelbe Berg von Menschen regelmäßig aufgesucht oder auf Dauer bewohnt. Sowohl sein unteres als auch sein oberes Plateau waren an den Hangkanten von Mauern aus aufeinander geschichteten Steinen, Erdwerk und Holzpfahlen umgeben, die wahrscheinlich von den Alemannen im 4./5. Jahrhundert nach Christus errichtet wurden. Zu mehr oder weniger flachen Wällen verstürzt, sind sie an einigen Stellen noch erkennbar.

Empfehlenswert ist der Rundgang entlang des Randes des oberen Plateaus auch deshalb, weil sich hier an Tagen mit klarer Luft ein einmaliger Rundblick bietet. Vom Hesselberg im Westen reicht der Blick über den Altmühlsee und die Wiesen des flachen Altmühlgrunds im Norden zum Hügelland im Osten und hinüber zum Rand der Fränkischen Alb mit der Wülzburg oberhalb der Stadt Weißenburg. Die roten Dächer von mehr als vierzig Orten leuchten aus dem Grün der Wälder und Wiesen und vermitteln das unvergleichli-che Bild einer liebenswerten, typisch fränkischen Landschaft.

Spielberg

Der Ortsteil der Gemeinde Gnotzheim, liegt etwa 10 km südwestlich von Gunzenhausen. Parkplatz am Schloss.

Öffnungszeiten: So von 14.00 bis 16.00 Uhr oder nach Anmeldung (Tel. 09833/357).

Gelber Berg

Weg zu Fuß: Wenn man von der Burg Spielberg auf der Ortsstraße aufwärts in Richtung Heidenheim geht, trifft man auf die Markierung des Altmühltal-Panoramaweges. Er führt durch den Wald zum Gelben Berg (etwa 4 km).

Weg mit dem Auto: Auf der Straße in Richtung Heidenheim. Nach etwa 3 km (gut 1 km nach der Einmündung in die Staatsstraße 2218) links auf die Staatsstraße 2385 in Richtung Gunzenhausen. An ihrem höchsten Punkt liegt linkerhand der Gelbe Berg (Informationstafel).

50 | Der Hesselberg

Wohl schon immer hat der Hesselberg die Menschen fasziniert, denn seit urdenklichen Zeiten führen von den um ihn gelegenen Orten sternförmig viel begangene, abwechslungsreiche Wege hinauf. Sie sind gesäumt von Obstbaum-, Linden- oder Kastanienalleen oder verlaufen durch abwechslungsreiche Wälder. Der alte Weg von Wittelshofen zum Gipfel ist heute zum „geologischen Lehrpfad" geworden, ist doch der Hesselberg erdgeschichtlich sehr interessant und zählt ganz offiziell zu den „schönsten Geotopen" in Bayern.

Warum zieht dieser Berg die Menschen so magisch an? Ist es seine Lage als ein der Fränkischen Alb vorgelagerter, frei stehender Zeugenberg, von dessen 689 m hohem Gipfel, dem höchsten Mittelfrankens, man eine fantastische Aussicht hat, bei besonders klarem Wetter sogar bis zu den Alpen? Ist es die Vielfalt der natürlichen Lebensräume, die diesen 6 km langen Bergstock bedecken: die verschiedenen Waldarten und -formen, die waldfreien Magerwiesen und Trockenrasenhänge mit ihrer seltenen Vegetation und die Blütenpracht der alten Streuobstwiesen an den Hängen, die zahlreichen Kleintieren, Vögeln und Pflanzen einen optimalen Lebensraum bieten?

Ganz sicher ist es auch die wechselvolle Geschichte dieses Berges und der Dörfer, die sich wie ein Kranz von Perlen um ihn reihen. Schon in frühgeschichtlicher Zeit diente sein weites Plateau als Flucht- und vorübergehende Wohnstätte, ab etwa 2000 v. Chr. wurde es besiedelt und später mit Ringmauern, Gräben und Wällen befestigt. Noch heute lassen die Reste der etwa 5 km langen Randwälle um die „Osterwiese" die einstige Bedeutung des politischen, wirtschaftlichen und religiösen Zentrums erahnen, das hier lag. Nach dessen Niedergang blieb der Berg viele Jahrhunderte unbesiedelt. Die Römer bezogen den unbesiedelten Hesselberg wegen seiner strategischen Bedeutung trotzdem ganz bewusst in ihr Reich ein und sicherten sein Vorland mit Kastellen, deren größtes, ein Reiterkastell, das 500 Soldaten Platz bot, in Ruffenhofen die Hauptattraktion eines „Römerparks" bildet.

Das von den Römern aufgegebene Gebiet besiedelten schon bald die Alemannen und gegen Ende des 5. Jahrhunderts auch die Franken. 1371 kam es in den Besitz der fränkischen Hohenzollern und in der Folge zum Fürstentum Brandenburg-Ansbach. Dessen Markgrafen legten ihren Untertanen zur Deckung ihres immensen Geldbedarfs unerträgliche Lasten auf. So ist es nicht verwunderlich, dass 1525 auch hier ein Bauernaufstand ausbrach. Am 6. Mai trafen sich die aufrührerischen Bauern auf dem Gipfel des Hesselbergs, zogen über Wassertrüdingen zum Kloster Auhausen, plünderten es, wurden aber bald niedergeschlagen.

In der Zeit des Nationalsozialismus deklarierte der fränkische Gauleiter Julius Streicher den Hesselberg als „heiligen Berg der Franken" und machte ihn zum Ort der „Frankentage" der NSDAP, die bis 1939 jährlich bis zu 100.000 Menschen besuchten.

1951 wurde am Südhang des Berges die evangelische Landvolkshochschule erbaut, heute „Evangelisches Bildungszentrum Hesselberg". Seitdem ist er jedes Jahr am Pfingstmontag ganz „in evangelischer Hand", wenn sich auf ihm Tausende von Gläubigen zum „Bayerischen Kirchentag" versammeln.

Der 119 m hohe Fernsehturm auf dem Hesselberg, einer der bayerischen Grundnetzsender für die terrestrische Verbreitung digitaler Radio-, Fernseh- und Datensignale, deckt den Bereich des westlichen Mittelfranken und nördlichen Schwaben ab.

 Etwa 5 km südöstlich des Hesselbergs liegt die Stadt Wassertrüdingen. Burg und Stadt wur-

den im 13. Jahrhundert von den Grafen von Truhendingen gegründet, wahrscheinlich über einer älteren Dorfsiedlung. Wegen der Lage an der Wömitz erhielt sie zur Unterscheidung von Altentrüdingen, dem Stammsitz der Edelfreien von Truhendingen, den Namen Wassertrüdingen. Wie viele Orte aus jener Zeit stand auch Was-

sertrüdingen unter wechselnden Herrschaftsverhältnissen. So gehörte es 1242 den benachbarten Grafen von Oettingen, die es bis 1317 als Eichstätter Lehen behielten. Ihnen folgten die Grafen von Hohenlohe, die Burggrafen von Nürnberg und ab 1415 das Fürstentum Brandenburg-Ansbach.

Oberes Tor in Wassertrüdingen

Im Stadtkern steht die Evangelisch-Lutherische Stadtkirche Heilige Dreieinigkeit. Sie wurde zwischen 1738 und 1740 von Leopold Retti im barocken Markgrafenstil erbaut. Dabei blieb der Chorraum der gotischen Vorgängerkirche aus dem 15. Jahrhundert erhalten. Im Inneren steht ein wertvoller Flügelaltar aus dem Ende des 15. Jahrhunderts mit Reliefs und Tafelbildern aus der Weihnachtsgeschichte. Im Turm der Stadtkirche befindet sich eine renovierte Türmerwohnung.

1849/50 entstand das heutige Rathaus, ein stattlicher Sandsteinbau, der auf Anweisung von Ludwig I. im klassizistischen Stil erbaut wurde.

Vom ehemaligen Mauerring aus dem 13. Jahrhundert sind nur wenige Reste erhalten, von den ehemals drei Stadttoren nur noch das obere Tor, das sogenannte „Törli". Sein Unterbau aus der Zeit um 1350 wurde 1762 mit zwei Fachwerkgeschossen aufgestockt. Heute sind darin das Fischerei- und Naturkundemuseum untergebracht.

Wassertrüdingen war auch ein Schauplatz in den Bauernkriegen. Im Jahr 1525 gelang es den Bauern, mithilfe eines Torwächters in die Stadt einzudringen. Da deren Bürger der Sache der Bauern von Anfang an wohlgesonnen gegenüberstanden, blieb die Stadt vor Schäden bewahrt. Doch der Landesherr Markgraf Casimir aus Ansbach stellte die alte Ordnung bald wieder her. 1536 schloss sich der Ort nach einigem Hin und Her der Reformationsbewegung an. Am 24. August 1634, im Schwedenkrieg, verübten kaiserliche Truppen schreckliche Grausamkeiten unter der Einwohnerschaft und brannten die Stadt fast vollkommen nieder. Der Wiederaufbau ging nur langsam voran. Erst 1740 konnte der Neubau der heutigen Stadtkirche vollendet werden. Der letzte Markgraf Friedrich Carl Alexander trat 1791 sein Markgrafentum und damit auch Wassertrüdingen an König Friedrich Wilhelm II. von Preußen ab. 1806 wurde es bayerisch.

Auf den Hesselberg

Fahrstraße auf den Berg ab Gerolfingen. Vom Parkplatz am Ende der Straße oberhalb der Landvolkshochschule kann der Berg nach Belieben in östlicher Richtung (Osterwiese) und in westlicher Richtung (Gipfel und Aussichtspunkt nach Westen) erkundet werden.

Wanderwege auf den Hesselberg:

Von Wittelshofen mit der Markierung des Geologischen Lehrpfades auf den Gipfel.

Rundweg ab Röckingen, einem Ortsteil von Wassertrüdingen, etwa 2 km nordwestlich der Stadt. Parkmöglichkeit neben dem Friedhof gegenüber der Kirche. Wanderstrecke etwa 9 km.

Anhang

Glossar

Apokryphen Texte, die im Entstehungsprozess der Bibel nicht in das offizielle Verzeichnis der Schriften des Alten und Neuen Testamentes („Heilige Schrift") aufgenommen wurden. Sie berichten auch von Ereignissen, die in der Bibel nicht enthalten sind.

Ballei siehe Komtur

Barbakane Ein dem eigentlichen Tor einer mehrteiligen Torbefestigung vorgelagertes Außentor

Bergfried Hauptturm einer Burg, der bei Gefahr als letzte Zuflucht diente.

Burgstall Stelle, an der früher eine Burg stand, von der keine oder nur ganz wenige Spuren vorhanden sind. Oft wird dafür auch die Bezeichnung „abgegangene Burg" verwendet.

Evangelistensymbole Die vier Evangelisten Matthäus, Markus, Lukas und Johannes, die als Autoren der vier Evangelien gelten, werden seit dem 4. Jahrhundert durch vier geflügelte Symbole dargestellt. Der Mensch versinnbildlicht Matthäus, der Löwe Markus, der Stier Lukas und der Adler Johannes

Fiale Türmchen, das einen gotischen Strebepfeiler abschließt.

Fries Schmaler Streifen zur Umgrenzung, Abgrenzung, Gliederung oder Dekoration von Teilen eines Bauwerks. Friese können glatt sein oder plastisch hervortreten, ge-malt oder aus einzelnen Bauteilen zusammengesetzt sein.

Höhenburg – Niederungsburg Eine Höhenburg ist eine auf einer natürlichen Anhöhe, z.B. einem Felsen oder Berg errichtete Burg. Niederungsburgen liegen im Flachland oder in einer Talsohle. Da sie nicht den Verteidigungsvorteil durch die Lage auf einer Höhe hatten, wurden sie bevorzugt an gut zu verteidigenden Stellen im Flachland erbaut, wie z.B. auf Fluss- oder Seeinseln oder in Sumpfland. Fehlten solche natürliche Hindernisse, mussten zur besseren Verteidigung mit Wasser gefüllte oder trockene Gräben, Wälle, Palisaden oder Ringmauern gebaut werden.

Joch Im Kirchenbau der Gewölbeabschnitt eines romanischen oder gotischen Kirchenschiffes. Joche sind häufig durch quer verlaufende Bogen („Gutbogen" voneinander getrennt Von den tragenden Teilen wie etwa Pfeilern oder Säulen ausgehende diagonale Rippen unterteilen ein Joch in vier oder mehrere aneinander stoßende Dreiecke.

Kammertor Bei mittelalterlichen Stadtbefestigungen und Burgen ein System aus mindestens zwei hintereinander angeordneten Toren, die durch Mauern miteinander zu einer gut zu überwachenden „Kammer" verbunden sind.

Komtur Amtsbezeichnung innerhalb der geistlichen Ritterorden. Der Komtur war der Leiter und Verwalter einer Ordensniederlassung, der so genannten Kommende (auch Komturei), und damit Statthalter des

Groß- bzw. Hochmeisters. Ihm unterstanden die Güter der Kommende. Mehrere Kommenden bildeten eine Ballei (Ordensprovinz).

Marstall In der Architektur ursprünglich eine allgemeine Bezeichnung für einen Pferdestall. Im heutigen Sprachgebrauch wird der Begriff für Stallbauten in fürstlichen Residenzen gebraucht. Von der Frühen Neuzeit bis in das 19. Jahrhundert wurden diese oft als repräsentative Bauten ausgeführt. Die fürstlichen Marställe umfassten die Gebäude für Pferde, Wagen, Kutschen und Geschirr. An den Marstall angeschlossen war häufig eine Reithalle (oder „Reithaus")für die Hofreitschule.

Palas Hauptbau einer Burg, großer herrschaftlicher Wohn- oder Saalbau

Pantokrator Allherrscher, Weltenherrscher. Heute ist damit in der Regel die ikonenartige Darstellung Christi gemeint, die sich meist in der Wölbung einer Apsis befindet. Typisch dafür sind der Kopf, der den Betrachter gerade anschaut, die Haltung der rechten Hand, die den Betrachter segnet, und das aufgeschlagene Evangelienbuch in der linken, in dem häufig Selbstaussagen Christi zu lesen sind. Die Pantokrator-Darstellung betont damit die Gottgleichheit Christi, seine Weltherrschaft, seine Segensmacht und seine Lehrautorität.

Pieta auch „Vesperbild". In der bildenden Kunst die Darstellung Marias als „Mater dolorosa" (Schmerzensmutter) mit dem Leichnam des vom Kreuz abgenommenen Jesus Christus.

Sakramentshaus Eigenes kleines architektonisches Gebäude innerhalb einer Kirche, das der Aufbewahrung des eucharistischen Leibes Christi („Altarsakrament") diente. Im Mittelalter wurden Sakramentshäuser oft kunstvoll aus Stein gestaltet.

Schildmauer Stärkste Wehrmauer einer Burg an der Hauptangriffsseite

Stalagmit – Stalaktit Wenn von der Decke einer Höhle kohlensäurehaltiges Wasser tropft, fällt das darin gelöste Calcit aus und wird auf dem Boden abgelagert. Dort wächst allmählich ein Tropfstein empor, der Stalagmit. Sein Gegenstück ist der von der Decke hängende Stalaktit. Wenn beide zusammengewachsen sind, spricht man von „Stalagnaten" oder „Sintersäulen".

Strebepfeiler, Strebebögen Bei gotischen Kirchen Teile des „Strebewerkes", das sich aus Strebepfeilern und Strebebögen zusammensetzt. Die frei gespannten Strebebögen spannen sich außen über die Seitenschiffe einer Kirche und leiten den Seitendruck des Gewölbes des Hauptschiffes auf die senkrecht stehenden Strebepfeiler an der Außenwand der Seitenschiffe ab.

Vogt Im Mittelalter und in der frühen Neuzeit ein herrschaftlicher, meist adeliger „Beamter". Er regierte und richtete in einem bestimmten Gebiet im Namen seines Landesherrn, hatte den Vorsitz im Landgericht und musste die Landesverteidigung organisieren. Der Machtbereich eines Vogts und sein Amtssitz (meist eine landesherrliche Burg) werden als Vogtei bezeichnet.

Zeugenberg Ein Zeugenberg, auch Inselberg, ist ein Einzelberg, der durch Erosionsvorgänge (z. B. Wind, fließendes Wasser, Eis) von den Gesteinsschichten abgetrennt wurde, mit denen er einst verbunden war und deshalb heute frei vor dem zugehörigen Bergland steht.

Literatur

Altmann, Hermann: Die Gottesruhkapelle in Windsbach und ihre Fresken. Sonderdruck aus dem Jahrbuch des Historischen Vereins für Mittelfranken, 1982/83

Auer, Horst M. (Hrsg.): Fundort Geschichte Franken. Ausflüge in die Vergangenheit. Band 2. Verlag Ars vivendi, 2002.

Boegl, Heinrich: Juralandkreis Neumarkt in der Oberpfalz. Wanderungen in Landschaft und Geschichte. J. Boegl Verlag Neumarkt, 1981

Dehio, Georg: Handbuch der deutschen Kunstdenkmäler, Bayern I: Franken. Deutscher Kunstverlag, 1999

Dehio, Georg: Handbuch der deutschen Kunstdenkmäler, Bayern III: Schwaben. Deutscher Kunstverlag, 2008

Dehio, Georg: Handbuch der deutschen Kunstdenkmäler, Bayern IV: München und Oberbayern. Deutscher Kunstverlag, 2006

Dehio, Georg: Handbuch der deutschen Kunstdenkmäler, Bayern V: Oberpfalz. Deutscher Kunstverlag, 1991

Erholungsgebiet Monheimer Alb (Hrsg.): Wanderführer Monheimer Alb. O. J.

Evangelisch-Lutherische und Katholische Dekanate des Landkreises Roth und der Stadt Schwabach (Hrsg.): Gemeinsam unterwegs, Kirchen und Pfarreien Im Landkreis Roth und in der Stadt Schwabach. Schwabach, 2000

Fränkischer Albverein (Hrsg.): Auf dem Jakobsweg von Tillyschanz über Schwandorf nach Nürnberg. Verlag Seehars, 2004

Fränkischer Albverein (Hrsg.), Auf dem Jakobsweg von Nürnberg über Heilsbronn nach Rothenburg ob der Tauber. Verlag Seehars, 2002

Stadt Berching, Markt Breitenbrunn, Gemeinde Deining, Stadt Dietfurt: Im Land der tausend Quellen. 2001

Keller, Walter E.: Karlsgraben – Fossa Carolina, 1200 Jahre Kanalbau vom Main zur Donau. Verlag Walter E. Keller, 2006.

Keller, Walter E.: Die Römer am Limes. Verlag Walter E. Keller, 1988.

Körner, Hans Michael (Hrsg.) und Schmid, Alois (Hrsg.): Handbuch der Historischen Stätten Bayern 1, Altbayern und Schwaben. 2006.

Körner, Hans Michael (Hrsg.) und Schmid, Alois (Hrsg.): Handbuch der Historischen Stätten Bayern 2, Franken. 2006.

Land- und Universitätsbauamt Augsburg (Hrsg.): Festschrift zur Restaurierung des Kaisersaals Kaisheim 1979–1989. Kaisheim 1989

Lang, Johann: Ehemalige Klosterkirche der Zisterzienser in Kaisheim, Festschrift. Auer-Verlag Donauwörth, 1987

Markt Dollnstein (Hrsg.); Dollnstein 600 Jahre Markt. Natur, Kultur, Geschichte, Gegenwart. Hercynia Kipfenberg, 1987

Nestmeyer, Ralf: Franken. Michael Müller Verlag, 1996

Nestmeyer, Ralf: Nürnberg und Fürth. Michael Müller Verlag, 1994

Recknagel, Hans und Erika: Führer durch Altdorf und das Altdorfer Land. 2001

Rischert, Helmut, Markt Kinding (Hrsg.): Der Burgenwanderweg um Kinding. o.J.

Sachser, Uwe und Strasser, Mario: Tiere und Pflanzen der Wacholderheiden. Landkreis Eichstätt, 1995

Schäfer, Max: Die schönsten Wanderungen rund um Nürnberg 1 und 2. Fahner Verlag, 1994 bzw. 1995.

Schneider, Josef und Augsberger, Johann: Wanderungen durch die Gemeinde Ursensollen. Gemeinde Ursensollen, 2004.

Schrenk, Johann; Altmühltal und Fränkisches Seenland. Michael Müller Verlag, 1997.

Tourismusverein Sulzbacher Bergland (Hrsg.): Wandern im Sulzbacher Bergland. Buch und Kunstverlag Oberpfalz, 1999

Zecherle, Karl und Murböck, Toni: Sehenswerte Natur im Kreis Eichstätt. Landkreis Eichstätt, 1982

Zecherle, Karl: Kirchen und Klöster im Kreis Eichstätt. Landkreis Eichstätt, 1983

Zecherle, Karl: Burgen und Schlösser. Landkreis Eichstätt, 1981

Kirchenführer:

Wehrkirche St. Vitus Kottingwörth. Schnell&Steiner, 2008

Gnadenberg, ehemaliges Birgittinnenkloster. Don Bosco, Endorf, 2003

Ehemalige Zisterzienserinnen-Klosterkirche Seligenporten. Schnell&Steiner, 2007

Mariahilfkirche Neumarkt. Schnell&Steiner, 1988

Werbematerialien und Websites der Kommunen und örtlichen Tourismusvereine

Freie Enzyklopädie Wikipedia

Karte von „Mittelbayern"

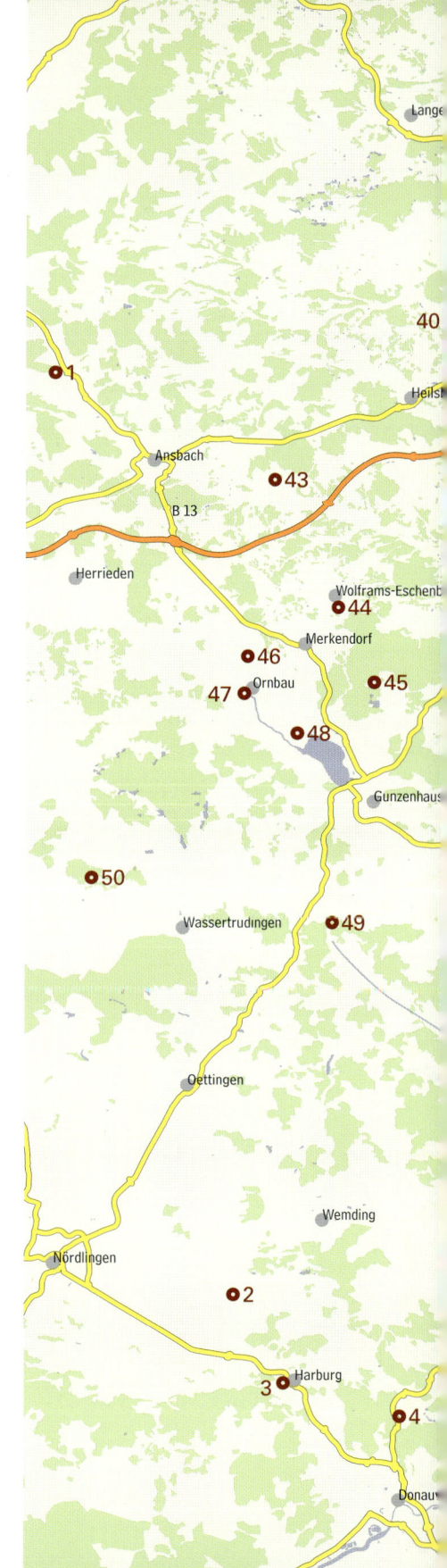

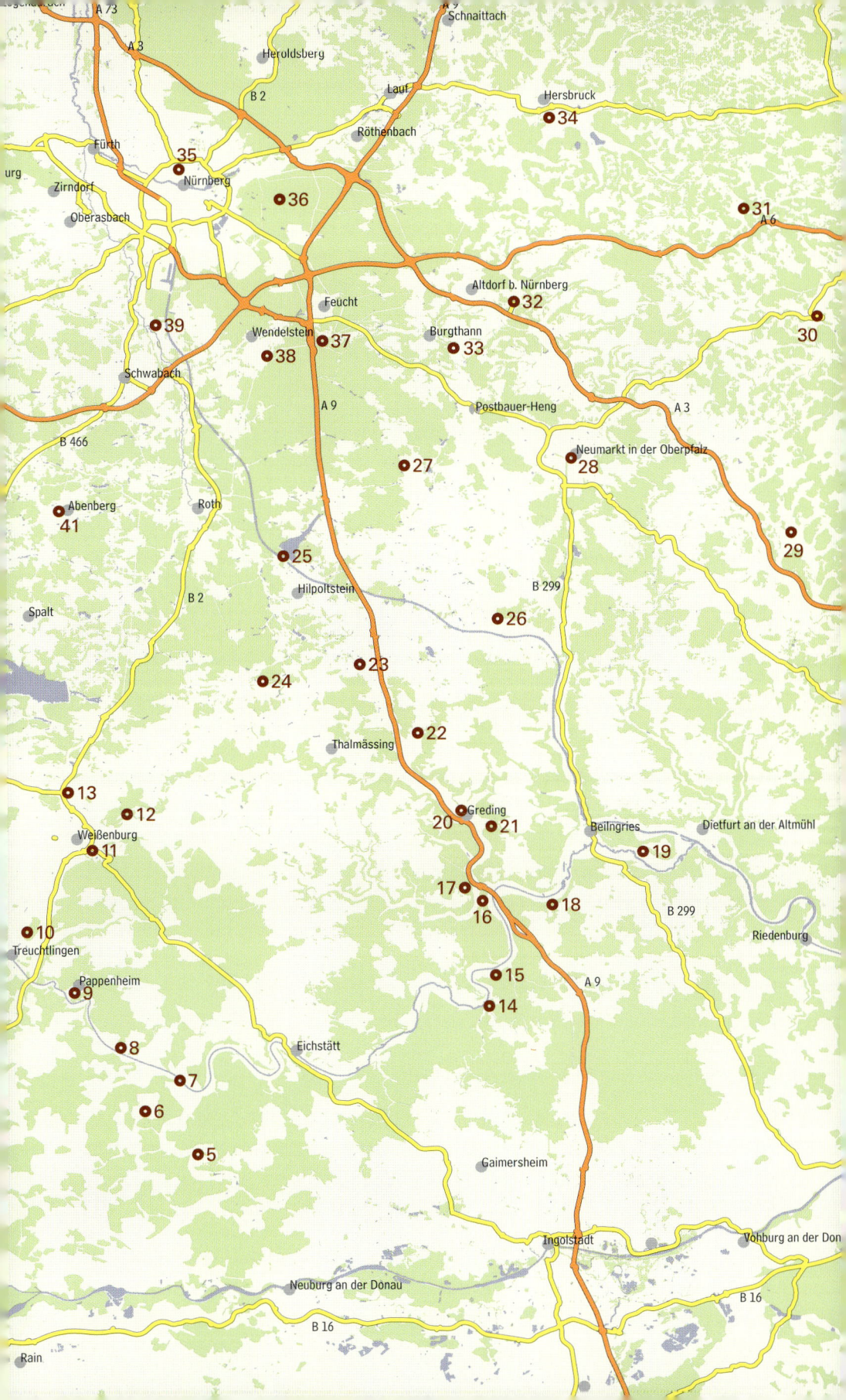

Abbildungsnachweis

Der Bildnachweis ist wie die Aufsätze von 1 bis 50 durchnummeriert. Befinden sich mehrere Abbildungen innerhalb eines Artikels, werden die Bildgeber hintereinander genannt, bei mehr als zwei Motiven je Artikel wird zusätzlich die Reihenfolge in Klammern angegeben.

1 Bernhard Eder (1,2,3) **2** Bernhard Eder (1–4) **3** Bernhard Eder (1,2) **4** Bernhard Eder (1,2,3) **5** Bernhard Eder **6** Bernhard Eder (1,2) **7** Bernhard Eder (1,2,4); Volk Verlag (3) **8** Bernhard Eder (1,2) **9** Bernhard Eder (1,2,3) **10** Volk Verlag; Bernhard Eder **11** Bernhard Eder (1,2,3) **12** Bernhard Eder (1,2) **13** Bernhard Eder **14** Bernhard Eder (1,2) **15** Bernhard Eder (1,2,4); Rensi (3) **16** Bernhard Eder **17** Volk Verlag (1,2) **18** Volk Verlag **19** Bernhard Eder (1,2) **20** Bernhard Eder (1,2,3) **21** Bernhard Eder **22** Bernhard Eder (1,2) **23** Volk Verlag (1,2,3); **24** Bernhard Eder **25** Rainer Lippert; Lrarh (wikipedia) **26** Bernhard Eder (1,2,3) **27** Bernhard Eder (1,2); Volk Verlag (3,4,5) **28** Bernhard Eder (1–4) **29** Bernhard Eder (1,2) **30** Bernhard Eder (1–4) **31** Bernhard Eder **32** Bernhard Eder (1,2,3) **33** Bernhard Eder (1,2) **34** Bernhard Eder (1,2,3) **35** Bernhard Eder (1,2,3) **36** Bernhard Eder (1,2) **37** Janericloebe, wikipedia (1), Mb1302, wikipedia (2), Bernhard Eder (3) **38** Bernhard Eder (1,2) **39** Bernhard Eder (1,2) **40** Bernhard Eder (1–5) **41** Bernhard Eder (1–4) **42** Bernhard Eder (1,2) **43** Bernhard Eder (1,2) **44** Bernhard Eder (1,2,3) **45** Bernhard Eder (1,2) **46** Bernhard Eder (1,2) **47** Bernhard Eder **48** Myratz; Bernhard Eder 2,3) **49** Bernhard Eder (1,2,3) **50** Klaus Leidorf

Der Autor

Bernhard Eder wurde 1938 im damals mittelfränkischen, heute oberbayerischen Dollnstein im Landkreis Eichstätt geboren. Schon sehr früh wuchs in ihm das Interesse an der engeren und weiteren Heimat heran, das sich allmählich zur Leidenschaft entwickelte und sich auch in Veröffentlichungen niederschlug.
Der Hobby-Heimatkundler, als den er sich selbst versteht, lässt sich von dem Grundsatz leiten: Natur, Geschichte und Kultur einer Region erschließen sich dem am besten, der sich die Zeit nimmt, ihre Spuren und Bauten wandernd zu „ent-decken".